职业院校物流服务与管理专业校企合作教材

货 品 知 识

Huopin Zhishi

黄军梅　主　编

高等教育出版社·北京

内容简介

本书是职业院校物流服务与管理专业校企合作教材。

本书主要内容包括：认识货品的分类、编码和商标，认识货品性质和影响货品质量的因素，认识货品计量与检验，认识保障货品质量的技术与手段，了解常见的普通货品，了解特殊货品。全书详略得当，图文丰富，情景贴近，通俗易懂，每个模块都精选典型任务，调动学生的学习兴趣和提升学生的专业应用技能，采用看图判断、连连看、团队合作收集整理资料等更为活泼的形式来引导学生在活动中巩固知识和技能。

为方便教学，本书配有二维码教学资源和 Abook 教学资源。扫描书中二维码可查看教学视频等。Abook 教学资源的详细获取方法见本书"郑重声明"页。

本书可供职业院校物流服务与管理专业学生使用，也可供物流从业人员参考使用。

图书在版编目（ＣＩＰ）数据

货品知识 / 黄军梅主编 . -- 北京：高等教育出版社，2021.7

ISBN 978-7-04-056180-7

Ⅰ.①货…　Ⅱ.①黄…　Ⅲ.①货物运输-物流管理-中等专业学校-教材　Ⅳ.①F252.1

中国版本图书馆 CIP 数据核字（2021）第 103926 号

策划编辑　黄　静	责任编辑　黄　静	特约编辑　张翠萍	封面设计　杨立新
版式设计　于　婕	插图绘制　于　博	责任校对　高　歌	责任印制　存　怡

出版发行	高等教育出版社	网　　址　http://www.hep.edu.cn
社　　址	北京市西城区德外大街 4 号	http://www.hep.com.cn
邮政编码	100120	网上订购　http://www.hepmall.com.cn
印　　刷	三河市潮河印业有限公司	http://www.hepmall.com
开　　本	889 mm×1194 mm　1/16	http://www.hepmall.cn
印　　张	11	
字　　数	220 千字	版　　次　2021 年 7 月第 1 版
购书热线	010-58581118	印　　次　2021 年 7 月第 1 次印刷
咨询电话	400-810-0598	定　　价　28.80 元

本书如有缺页、倒页、脱页等质量问题，请到所购图书销售部门联系调换

前　言

　　随着世界经济的快速发展和经济全球化趋势的不断增强，现代物流理论和技术已得到了广泛的应用和发展，产生了巨大的经济效益和社会效益。越来越多的国家将物流发展视为其国民经济发展的重要原动力之一。为了适应和支持我国物流产业的发展，一个至关重要的问题就是技能型物流人才的培养。

　　为了适应我国现代物流职业教育发展的需要，我们编写了本教材。相对现有的其他同类教材，本教材具有以下鲜明特点：

　　（1）教学目标专门针对物流操作技能型人才的培养，突出职业活动的技能要求和"任务引领"的教学思想，按知识和技能划分项目，有针对性地有效整合课程内容，注重不同项目间的知识承接，引导学生按照项目的编排实现进阶式的自我学习能力提升。

　　（2）教学理念是充分调动学生的自主学习潜力，每个项目都精选典型任务，调动学生的学习兴趣和提升学生的专业应用技能，每一具体任务均有任务描述、任务目标、任务准备、任务实施（含任务书、步骤指引）、任务评价和拓展提升，给予师生们明确清晰的学习引领，任务实施中采用贴近职业院校学生的小情景并借助企业主管的话语对每次任务进行行动提示和知识总结。

　　（3）教学实施过程中采用看图判断、连连看、团队合作收集整理资料等更为活泼的形式，而非常规的选择题、填空题等，引导学生在活动中巩固知识和技能。

　　（4）教材中收集、整合了丰富的图文资料，排版美观，有针对性地满足了职业院校学生对教材的需要。

　　本课程学时分配建议如下表所示：

学时分配建议表

序号	内容		学时分配		
			讲授	实践	机动
1	项目一　认识货品的分类、编码和商标	任务一　进行货品的分类	2	2	
2		任务二　进行货品的编码	2	2	1
3		任务三　认识货品商标	2	2	
4	项目二　认识货品性质和影响货品质量的因素	任务一　认识货品的性质	2	1	
5		任务二　认识货品的质量变化	4	2	1
6		任务三　掌握影响货品质量的因素	2	1	

续表

序号	内容			学时分配		
				讲授	实践	机动
7	项目三　认识货品计量与检验	任务一	进行货品计量	2	1	1
8		任务二	进行货品检验	2	1	
9	项目四　认识保障货品质量的技术与手段	任务一	掌握货品包装	4	2	1
10		任务二	了解货品运输	2	2	
11		任务三	认识货品储存与保管	2	2	
12	项目五　了解常见的普通货品	任务一	了解清洁普通货品	2	2	1
13		任务二	了解液体普通货品	2	1	
14		任务三	了解粗劣普通货品	2	1	
15	项目六　了解特殊货品	任务一	了解危险货品	2	1	1
16		任务二	了解易腐性冷藏货品	2	1	
17		任务三	了解蔬果肉禽蛋及其制品	2	1	
18		任务四	了解超限货品	2	1	
合计				40	26	6

说明：机动学时可用于该模块内容的讲授、实践、参观以及阶段性测试，在教学实际中因学生学习情况和教学进度不同而有具体差异。

本教材由广州市城市建设职业学校黄军梅任主编，广东省商业职业技术学校明秀娴、广东省国防科技技师学院黄春花和大连市经济贸易学校高巍任副主编。具体编写分工为：黄军梅编写项目一任务一、二和项目三并负责全书的统稿和修改，高巍编写项目一任务三，北京市商业学校田国亮编写项目二，合肥市经贸旅游学校张海云编写项目四，明秀娴编写项目五，黄春花编写项目六。本教材是广州市城市建设职业学校与广州易达电子商务有限公司校企合作教材。广东省物流行业协会副秘书长胡梅女士和广州易达电子商务有限公司总经理戴敏华先生参与了编写提纲的制定并对任务情景提出了宝贵的建议。

本教材在编写过程中以多年的教学实践经验为基础，又参考借鉴了大量相关著作和文献，得到了同事和行业朋友们的支持与帮助，在此谨表衷心的谢意！

本教材可作为职业院校物流服务与管理专业教材，也适于各级各类开办高等成人教育的院校使用。鉴于编写时间仓促和编者水平及资料掌握的限制，书中难免有疏漏和不足之处，敬请同行、专家和读者给予批评指正。读者意见可反馈至信箱：zz_dzyj@pub.hep.cn。

编　者

2021 年 3 月

目　　录

项目一 认识货品的分类、编码和商标

1. 了解货品的分类方法。
2. 掌握主要的货品分类情况。
3. 知道货品的编码、代码和条码。
4. 能初步进行货品的编码。
5. 了解商标的含义及其作用。
6. 明确商标的种类。
7. 掌握商标的注册及其保护的相关规定。

任务一 进行货品的分类

任务描述

　　小明、春花、大风、秋月四位同学到大顺发物流公司实习，第一阶段在信息部门学习，负责人杨经理对他们说："货品是指经由物流企业储存、承运的一切原料、材料、商品以及其他产品或物品。货品是物流生产的主要对象，在物流过程中储存、运输的货品品种繁多、自然属性各异且批量不一，因此，基于货品物流过程中的复杂性和重要性，有必要对货品进行科学的分类。根据在运输、装卸、包装、储存等环节要求的不同，货品可以依据运输方式、装卸搬运方式、储存场所及其自然特性等进行分类，从而在工作中尽可能地使货品的储存、运输条件适应货品，以保证货品储存、运输的质量和安全，提高货品物流效率。"经理给他们第一天安排的工作任务就是实地了解公司现在主要储存、承运的货品分类情况，并告知第二天要检查他们的掌握情况。于是小明等四位同学兴冲冲地奔向公司的仓库、堆场和备货区。大半天下来，他们发现公司营运规模很大，储存、承运的货品种类很多。由于刚开始接触货品，四位同学有点抓不住头绪，于是决定找一些常见货品入手学习。

1. 了解货品的分类方法。
2. 掌握主要的货品分类情况。

一、货品分类的常用方法

货品分类是为了满足某种需要，选择恰当的分类标志或特征，将货品集合总体逐级划分为一系列不同的大类、中类、小类、品类、细目直至最小单元，并在此基础上进行系统编排，形成一个有层次的逐级展开的货品分类体系的过程。在货品分类时必须首先明确分类货品的范围，明确货品分类的目的，选择适当的分类标志。

物流中的货品品种繁多，根据运输、装卸、仓储等要求不同，有以下常用分类方法。

一是按货品装运要求分类，可分为普通货品和特种货品。普通货品和特种货品将在下文中做详细的介绍。

二是按货品装卸搬运方式分类，可分为散装货品、件装货品和成组装货品。

散装货品简称散货，按重量承运，是无标志、无包装、不易计算件数的货品，以散装方式进行运输。一般批量较大，主要分为散装固体货（如矿石、肥料、煤炭等）和散装液体货（如石油、动植物油等）。

件装货品简称件货，以件数和重量承运，一般批量较小、票数较多。其标志、包装形式多样，可按包装特点分为包装货品和裸装货品。包装货品是指装入一定材料制成的容器或采用捆扎方式的货品，如袋装货品、瓶装货品、桶装货品、捆装货品等；裸装货品是指运输过程中不加包装（或简易捆束），而在形态上自成件数的货品，如小汽车。

成组装货品是指用托盘、网袋、集装袋和集装箱等将件杂货或散货组成一个大单元进行运输的货品。主要包括托盘货品、网袋货品、集装袋货品和集装箱货品四种。

三是按托运货品的批量分类，可分为整批货品和零担货品。整批货品是指货品一次托运，全程不拆包，计费重量在 3 t 以上，或重量不足 3 t 但其性质、体积、形状需要一辆汽车运输。而零担货品则是指运量零星、批数较多、到站分散、品种繁多、性质复杂、包装条件不一、作业复杂的货品，在实际生活中也指一次托运、计费重量不足 3 t 的货品。

四是按货品的品名（种）分类。如货品可分为危险货品与非危险货品两大类，危险货品可按危险性分为九类。

二、普通货品与特殊货品

1. 普通货品

普通货品指除危险货品、鲜活货品以及其他因本身性质而在储存、运输、装卸积载等方面有特殊要求的特殊货品以外的一般货品，即本身不具有特殊性质、在运输仓储过程中没有特别规定的各类货品。可分为如下几类。

（1）清洁货品。清洁货品是指洁净的、干燥的货品，也可称为精细货品。包括人们食用的食品，如糖果、糕点、茶叶，在运输储存中不能混入杂质或被玷污的各种纤维织品，不能受压的易碎品，各种洗涤用品、护肤用品和塑料品等。

（2）液体货品。液体货品是指盛装于桶、瓶、罐、坛内的，在运输过程中容易破损、滴漏的各种流质或半流质货品。如各种饮料、酒类、水剂类药品、各种油类及其制品等。

（3）粗劣货品。粗劣货品是指具有易水湿、易扬尘、易渗油和散发异味等特性的货品。包括易扬尘并使其他货品受污染的扬尘性货品（如水泥、煤炭、矿粉、颜料等）和易渗油货品（如煤油、豆饼等），以及散发气味的气味货品（如生皮、大蒜、烟叶、卷烟、油漆、氨水、鱼粉等）。

2. 特殊货品

特殊货品也称特种货品，是指在性质、体积、重量和价值等方面具有特别之处，从而在积载和装卸保管中需要采用特殊设备和采取特殊措施的各类货品。主要包括以下几类。

（1）危险货品。危险货品指具有燃烧、爆炸、腐蚀、毒害和放射性等性质，在储运过程中需要采取必要举措以避免发生人身伤亡或财物损毁的货品，如鞭炮、黄磷、天然气等。

（2）笨重长大货品。笨重长大货品指单件重量、长度超过一定限量的货品，如成套设备、钢轨、大型水泥构件等。

（3）有生动植物货品。有生动植物货品指在运输过程中需要不断照料，以维持其生命和生长，避免其枯萎、患病或死亡的动植物货品，也称活货，如活猪、鲜鱼、禽鸟以及鲜花、盆栽、树苗等。

（4）易腐性冷藏货品。易腐性冷藏货品指常温条件下容易腐败变质而需在低温条件下进行储藏运输的货品，如新鲜的肉、蛋、乳、果、菜等。

（5）贵重货品。贵重货品指价值高昂的货品，如历史文物、名贵药材、高级仪器、珠宝首饰等。

（6）邮件货品。邮件货品指经由邮政系统或专业快递公司发送的信函和小件包裹。

（7）拖带运输货品。拖带运输货品指不便于装载在船舶上运输而较适宜于经编扎在水上拖带运输的货品，如竹、木排、浮物、船坞等。

（8）涉外货品。如外国驻华使领馆、团体和个人的物品，以及国际礼品、展览品等物资。

任务实施

任务书1

　　每组同学扮演小明、春花、大风、秋月四位实习生，完成以下任务：

　　1. 思考表1-1中的货品应如何分类；

　　2. 按照步骤指示填写表1-2、表1-3。

步骤1：看一看，想一想——了解物流货品的范围

认真观察表1-1中的大顺发物流公司储运的各种货品。

表1-1　大顺发物流公司部分货品列表

茶叶	活猪	洋葱	电视机
洗衣皂	瓷碗	儿童内衣	白酒
药品	冷冻鸡翅	袋装水泥	快递信函
集装箱货品	集装袋货品	托盘货品	网袋包装货品

步骤2：连线并说明理由——明确货品分类的目的并选择适当的分类标志

为了保证货品运输的质量和安全，提高货品运输效率，从而在工作中尽可能地使货品的运输条件适应货品性质，非常有必要对货品进行科学的分类。仔细阅读表1-2中货品分类的目的和货品分类常用标志，思考哪种货品分类标志可以满足运输货品分类的目的，用铅笔连线并说明理由。然后再次阅读前文的任务准备，查阅和检验自己的铅笔连线是否正确，如有错误，请用水笔或签字笔更正。

表1-2　货品分类目的与常用标志

货品分类的目的	连线区域	货品分类常用标志	选择的理由
为了保证货品储存、运输的质量和安全，提高货品物流效率，在工作中尽可能地使货品的储存、运输条件适应货品		用途	
		装运要求	
		原材料	
		加工方法	
		包装形态	
		装载储存场所	
		报关程序	
		自然特性	
		化学成分	

步骤3：货品归类——建立分类体系

在完成步骤2的基础上，请把表1-1里的货品进行归类并填入表1-3。

表1-3　任务1工作记录表

货品分类方法	大类	小类	货品名称
按货品的装运要求分	普通货品	清洁货品	
		液体货品	
		粗劣货品	
	特殊货品		
按货品的包装形态分	件装货品	包装货品	
		裸装货品	
	散装货品		
	成组装货品		

小提示：这里只用到两种分类方法。

任务评价

任务评价表

被考评组别：	被考评组别成员名单：				

考评内容：

考评项目	分值	小组自我评价（30%）	其他组别评价（平均）（40%）	教师评价（30%）	合计（100%）
参与讨论的积极性	15				
语言表达	15				
任务完成情况	40				
团队合作精神	15				
沟通能力	15				
合　计	100				

拓展提升

一、选择题

试题类型	多项选择题	难度	低

1. 根据运输、装卸、仓储等要求不同，（　　　　　）是货品分类的常用方法。

选项 A	按装运要求分类，可分为普通货品和特种货品
选项 B	按装卸搬运方式分类，可分为件装货品、散装货品和成组装货品
选项 C	按托运货品的批量分类，可分为整批货品和零担货品
选项 D	按货品的品名（种）分类

2. 货品分类的基本要求有（　　　　）。

选项 A	明确货品的分类对象所包括的范围
选项 B	提出货品分类的目的和要求
选项 C	选择适当的货品分类特征
选项 D	每个货品只能限定在一个类别之内

二、填空题

试题类型	填空题	难度	中

1. ＿＿＿＿＿＿＿是为了满足某种需要，选择恰当的分类标志或特征，将货品集合总体逐级划分为一系列不同的＿＿＿＿、＿＿＿＿、＿＿＿＿、品类、细目直至最小单元，并在此基础上进行系统编排，形成一个有层次的逐级展开的货品分类体系的过程。在货品分类时必须首先明确分类货品的包括范围，明确货品分类的目的，选择适当的＿＿＿＿＿＿。

2. 清洁货品是指洁净的、干燥的货品，也可称为＿＿＿＿货品。

更多的参考资料，请登录资源平台：http://abook.hep.com.cn/sve，使用封底学习卡上的20位密码（刮开涂层可以看到），绑定课程，进入课程，可下载本课程资源。（以后各项目同此。）

任务二　进行货品的编码

任务描述

经过任务一的学习，小明、春花、大风、秋月已能掌握货品的基本分类，同时在学习过程中他们留意到在仓库管理中，货品入库、出库、统计、盘点，采用条码阅读器识别条码，输入相应数据和指令，计算机就可打印出相应的单据和报表，效率高，准确性高，而且不同货品上有着不同类型的条码，于是就虚心向主管和同事们请教。杨经理说："印刷在货品外包装上的条码，可实现对货品分类与集散管理、销售、运输、订货和盘点等自动化管理，而且通过与全球信息系统的交换，完成了生产、流通、销售和消费各领域的信息沟通，并且是物联网的重要构成部分。"同时要求他们辨认不同条码，了解条码背后的各种信息。于是小明等四位同学立即去公司的仓库、堆场、收货区和备货区观察和了解货品条码形式与种类。

任务目标

1. 知道货品的编码、代码和条码。
2. 能初步进行货品的编码。

任务准备

一、货品的编码与代码、条码

货品编码是赋予某类或某种货品的一组或一个有序符号排列，便于人或计算机识别处理的过程。货品编码又称货品代码、货品编号，指的就是所赋予某种或某类货品的一个或一组有序的符号排列，是便于人或计算机识别货品与处理货品的代表符号。

货品条码（bar code）是将表示一定信息的字符代码转换成用一组黑白（或深浅）平行线条，按一定规则排列组合而成的特殊图形符号。条码是利用光电扫描阅读设备识读货品并实现计算机数据输入的一种特殊代码。它包含货品的一定信息，如生产国（地区）、制造厂商或经销商、货品货号、规格以及价格等。

货品代码与货品条码是两个不同的概念。货品代码是代表货品的数字信息，而货品条码是表示这一信息的符号。在货品条码工作中，要制作货品条码符号，首先必须给货品编一个数字代码。

二、货品编码原则及常用方法

货品分类和货品代码编制是分别进行的，先有货品分类，后有货品代码的编制。

1. 货品代码的编制原则

（1）唯一性，是指每一个代码对应着唯一的编码对象，没有重复现象。

（2）可扩充性，即代码体系中留有足够的备用码，从而使分类和编制代码工作可以连续进行必要的修订与补充。

（3）简明性，即代码必须尽可能简明、易记，不要过长。

（4）统一性与协调性，是指代码必须格式规范，与国际或国家的商品分类代码相一致、相协调，以利于实现信息交流和信息资源共享。

（5）稳定性，是指代码不宜频繁变动。

2. 货品代码的编制方法

（1）数字型代码，是指用阿拉伯数字赋予货品分类对象的代码。

（2）字母型号代码，用一个或若干个字母表示分类对象的代码。

（3）数字、字母混合型代码，是指由数字和字母混合组成的货品代码。通常用字母表示货品的产地、性质和类别，用数字表示货品的具体品种和序列。

（4）条码，即由条形符号构成的图形表示货品分类对象的代码。

三、货品条码的种类

条码的主要应用形式有消费单元的条码标识、物流单元的条码标识、系列运输包装箱标识、图书期刊的条码标识。

目前，国际广泛使用的条码种类有国际物品条码 EAN 码、UPC（通用产品条码）、Code39 码（在各行业内部管理领域应用最广）、ITF25 码（在物流管理中应用较多）、库德巴（Codebar）码（多用于医疗、图书领域）、Code128 等。其中 EAN 码是当今世界上使用最广泛的商品条码，已成为电子数据交换（EDI）的基础，UPC 主要为美国和加拿大使用。

1. EAN 码

EAN 码是国际物品编码协会（EAN）制定的一种商品条码，通用于全世界。EAN 码符号有标准版（EAN-13）和缩短版（EAN-8）两种（如图 1-1 所示）。我国的通用商品条码与其等效。日常购买的商品包装上所印刷的条码一般都是 EAN 码。消费单元的 EAN 码分标准型和缩短型两种结构。

图 1-1　EAN 码与 UPC

EAN 码由前缀码、厂商识别码、商品项目代码和校验码组成。前缀码是国际 EAN 组织标识各会员组织的代码，我国为 690、691、692、693、694、695；厂商识别码是 EAN 编码组织在 EAN 分配的前缀码的基础上分配给厂商的代码；商品项目代码由厂商自行编码；校验码是为了校验代码的正确性。在编制商品项目代码时，厂商必须遵守商品编码的基本原则：对同一商品项目的商品必须编制相同的商品项目代码；对不同的商品项目必须编制不同的商品项目代码。保证商品项目与其标识代码一一对应，即一个商品项目只有一个代码，一个代码只标识一个商品项目。

2. UPC

UPC 是美国统一代码委员会制定的一种商品条码，主要用于美国和加拿大地区，我国在美国进口的商品上可以看到。UPC 是最早大规模应用的条码，它是一种长度固定、连续性的条码，由于应用范围广泛，故又被称为万用条码。UPC 共有 A、B、C、D、E 五种版本。常用的 UPC 消费单元的条码标识有 UPC-A 和 UPC-E 两种（如图 1-1 所示）。

3. Code39 码

Code39 码是一种可表示数字、字母等信息的条码，主要用于工业、图书及票证的自动化管理，如图 1-2 所示。

图 1-2 Code39 码

4. 库德巴码

库德巴码也可表示数字和字母信息，主要用于医疗卫生、图书情报、物资等领域的自动识别。其结构如图 1-3 所示。

图 1-3 库德巴码结构

5. 二维条码

二维条码最早发明于日本，它是用某种特定的几何图形按一定规律在平面（二维方向上）分布的黑白相间的图形记录数据符号信息的。在代码编制上巧妙地利用构成计算机内部逻辑基础的"0""1"比特流的概念，使用若干个与二进制相对应的几何图形来表示文字数值信息，通过图像输入设备或光电扫描设备自动识读以实现信息自动处理。它具有条码技术的一些共性：每种码制有其特定的字符集；每个字符占有一定的宽度；具有一定的校验功能等。同时还具有对不同行的信息自动识别功能及处理图形旋转变化等特点。条码与二维条码如图 1-4 所示。

条码：仅在1个方向上包含信息
二维条码：在2个方向上(水平、垂直)包含信息

图 1-4 条码与二维条码

6. 图书代码

为实现图书商品的现代化管理，为图书的流通和管理提供通用的语言，国际物品编码协会与国际标准书号（International Standard Book Number，ISBN）中心达成一致，将 EAN 的前缀码 978 作为国际标准书号系统的专用前缀码，并将 ISBN 条码化。图书代码如图 1-5 所示。

7. 期刊代码

国际标准刊号（International Standard Serials Number，ISSN）是由国际物品编码协会与国际标准刊号中心签署协议，在国际范围内广泛采用的期刊代码体系。国际物品编码协会将 EAN 前缀码 977 分配给国际标准期刊系统，供期刊标识专用，并将 ISSN 条码化。期刊代码如图 1-6 所示。

图 1-5 图书代码　　　　　图 1-6 期刊代码

任务实施

任务书 2

请课前让学生自行分组，两人一组，利用课余时间在家里或前往学校附近的超市、农贸市场，观察土豆、花生油、陶瓷猪仔、白砂糖四种货品，并按以下步骤完成任务。

步骤 1：连连看——知道货品的编码、代码和条码

先阅读表 1-4 中的图形及信息内容，用铅笔进行连线；然后再次阅读前文的任务准备，查阅和检验自己的铅笔连线是否正确，如有错误，请用水笔或签字笔更正。

步骤 2：填一填——查阅货品编码

利用网络资源，查阅我国的国家标准商品分类体系《全国主要产品分类与代码》（GB/

T 7635—2002）及我国《危险货物品名表》（GB 12268—2012），然后在表 1-5 中填写货品的编号或编号对应的货品品名。

表 1-4 货品编码、代码与条码连线

种类	连线区域	例子
货品编码		某出口弹力色织布 HS5208420090 某商品 EAN6901234567892
货品代码		
货品条码		9 770157 001687

表 1-5 填写货品品名与编号

货品品名	货品编号	货品品名	货品编号
	A03		11038
	S77		61026
家具		氰化钠	
仪器仪表		焦油	

步骤 3：编一编——进行简单货品编码

参照我国的国家标准商品分类体系《全国主要产品分类与代码》（GB/T 7635—2002）及我国《危险货物品名表》（GB 12268—2012），为大顺发物流公司部分货品进行分类并为其编码。编码时，采用数字型方法，分别编制由大类到品种系列代码，例如大类代码可编为1~9，则在表中"大类代码"填入"1~9"。根据自己的理解，完成小类、品类、品种代码的编制，填写到表 1-6 中。

表 1-6 货品代码的结构

编码方法	大类代码	小类代码	品类代码	品种代码
数字型	1~9			

根据货品代码结构要求，赋予货品分类中每层次货品相应代码，并把代码填写到工作记录表（表 1-7）相应的括号内。

表 1-7　工作记录表

大类	小类	品类	品种
（　）普通货品	（　）清洁货品	（　）日用百货	（　）化妆品
	（　）液体货品	（　）食品	（　）洗涤用品
	（　）粗劣货品	（　）家用电器	（　）日用器皿
（　）特殊货品	—	—	（　）玩具

小提示：这里只用到数字型编码方法，还可练习其他编码方法。

步骤 4：看图与填表——初步辨析货品条码形式与种类

不同类型的货品条码有不同的形式与种类，在物流过程中包含不同的信息，仔细观察表 1-8 中的货品条码，指出条码的形式与种类。然后再次阅读前面的任务准备，查阅和检验自己的判断是否正确，如有错误，请用水笔或签字笔更正。

表 1-8　填写条码种类

任务评价

任务评价表

被考评组别：　　　　　　　　被考评组别成员名单：

考评内容：

考评项目	分值	小组自我评价（30%）	其他组别评价（平均）（40%）	教师评价（30%）	合计（100%）
参与讨论的积极性	15				
语言表达	15				
任务完成情况	40				
团队合作精神	15				
沟通能力	15				
合　　计	100				

拓展提升

一、选择题

试题类型	不定项选择题	难度	低

1. 货品代码的类型有（　　　　）。

选项 A	数字型代码
选项 B	字母型代码
选项 C	混合型代码
选项 D	货品条码

2. （　　　　）是国际物品编码协会制定的一种商品用条码，通用于全世界，有标准版和缩短版两种。

选项 A	EAN 码
选项 B	UPC
选项 C	Code39 码
选项 D	库德巴码

二、填空题

试题类型	填空题	难度	低

1. ＿＿＿＿＿又称＿＿＿＿＿、＿＿＿＿＿，它是赋予某种或某类货品的一个或一组有序的符号排列，是便于人或计算机识别商品与处理货品的代表符号。

2. 目前，国际广泛使用的条码种类有国际物品条码＿＿＿＿＿、＿＿＿＿＿、＿＿＿＿＿（在各行业内部管理领域应用最广）、ITF25 码（在物流管理中应用较多）、库德巴码（多用于医疗、图书领域）、Code128 等。其中＿＿＿＿＿是当今世界上使用最广的商品条码，已成为电子数据交换（EDI）的基础，UPC 主要为美国和加拿大使用。

三、综合题

1. 某物流公司新建一个库房，还没有货位编号，仓管员张三安排货品入库区时，首先需要对仓库进行货位编号。这个仓库有 8 个库房、4 个露天货场，库房里有 15 个高层货架，每货架 5 层，分 16 个货位。

仓管员张三查看货位编号，其中有如下信息：

其一货架上的货位编号：J34B1

其二货架上的货位编号：FB1-006-01-06-01

根据货位编号"四号定位"法，分别描述这两个货位的具体情况。

2. 参照以上例子，采用四个数字号码即数字型编码方法对库房、货架、层次、货位进行统一仓库货位编码，或采用四个数字或字母号码即数字字母混合型编码方法对库房、货架、层次、货位进行统一仓库货位编码，并填写表1-9。

表1-9　编码实战

编码方法	库房代码	货架代码	层次代码	货位代码
数字型				
数字字母混合型				

任务三　认识货品商标

任务描述

经过几天的学习，小明、春花、大风、秋月已能够对货品进行准确的分类，能够辨认不同条码，了解条码代表的含义。他们看到大顺发物流公司储运的货品上有不同的商标，就请教杨经理货品上为什么都要标注商标。杨经理说："货品的商标，是依法注册的，注册商标可以保护自己的商标不受侵犯，不被他人使用，可以维护商品的信誉和形象。另外，注册了的商标不仅可以增强消费者的认同感，还可以增强企业自身维护品牌价值的信念，提升品牌形象，在国际市场上拓展市场。"并安排他们实地了解公司现在承运的货品商标，并告知第二天要检查他们的掌握情况。于是小明等四位同学立刻赶往公司的仓库、堆场、收货区和备货区观察和了解货品商标的形式与种类。

任务目标

1. 了解商标的含义和作用。
2. 明确商标的种类。
3. 掌握商标的注册及其保护的相关规定。

任务准备

一、商标的含义和作用

商标是将某商品或服务标明是某具体个人或企业所生产或提供的商品或服务的显著标志。商标的起源可追溯到古代，当时工匠们将其签字或标记印制在其艺术品或实用产品上。随着时代变迁，这些标记演变成为今天的注册商标。

商标是企业的财富，它的主要作用体现在：标示商品或服务特色，帮助消费者认牌购物；促使生产者或经营者提高产品或服务质量，促进企业竞争；设计精美、寓意深刻、新颖别致、个性突出的商标，可以增强企业的广告宣传效果。商标是产品或服务信誉的载体，是一种知识产权，更是一种无形资产。好的企业不仅需要好的产品和服务，也需要好的商标。

二、商标的分类

根据不同的角度和标准，商标可以分为不同的种类。

1. 按照商标的构成特点进行分类

（1）文字商标：由相对规范的数字、字母和文字组成，具有显著性的特征。例如由单纯的数字组成的"999"感冒灵商标，单纯由文字组成的"搜狐"商标，单纯由字母组成的"Lenovo"联想笔记本电脑商标等，如图1-7至图1-9所示。

（2）图形商标：由平面或立体图构成商标。如耐克的"对号"，日本本田汽车的"H"形，壳牌国际石油有限公司的贝壳图形商标等，如图1-10至图1-12所示。

图 1-7　"999"感冒灵商标　　　　图 1-8　"搜狐"商标　　　　图 1-9　"Lenovo"商标

图 1-10　耐克商标　　　　图 1-11　本田汽车商标　　　　图 1-12　壳牌商标

（3）组合商标：由数字、字母、文字、图形及颜色组合形成。如国家电网公司的由圆形电网图标和中英文组成的商标，华为由八个红色太阳花花瓣和大写的华为汉语拼音组成的商标等，如图 1-13、图 1-14 所示。

图 1-13　国家电网商标　　　　图 1-14　华为商标

（4）声音商标：以音符编成的一组音乐或以某种特殊声音作为商品或服务的商标。如美国一家唱片公司使用 11 个音符编成一组乐曲，把它灌制在它们所出售的录音带的开头，作为识别其商品的标志。音响商标目前只在美国等少数国家得到承认，我国在 2014 年 5 月 1 日正式实施的《中华人民共和国商标法》中，首次增加了声音商标的规定。

2. 按照商标的用途进行分类

（1）商品商标：用在特定商品上标明商品品牌的标志。如雅戈尔西服、阿迪达斯篮球，如图 1-15、图 1-16 所示。

图 1-15　雅戈尔西服　　　　　　　图 1-16　阿迪达斯篮球

（2）服务商标：用于向社会提供的服务项目上，用以区分服务的提供者的标志。如中国石化标志、全球通标志等，如图 1-17、图 1-18 所示。

图 1-17　中国石化标志　　　　　　　图 1-18　全球通标志

（3）商业商标：由出售商品的商业企业贴在所售商品上的标志，如沃尔玛超市的自有品牌商标"惠宜"、家乐福自有品牌商标"Carrefour"等。

（4）证明商标：由对某种商品或者服务具有监督能力的组织所控制，而由该组织以外的单位或者个人使用于其商品或者服务上，以证明该商品或者服务的原产地、原料、制造方法、质量或者其他特定品质的标志。如长城电工认证标志、羊毛织品标志、ISO（国际标准化组织）质量体系认证标志等，如图 1-19～图 1-21 所示。

图 1-19　长城电工认证标志　　　图 1-20　羊毛织品标志　　　图 1-21　ISO 质量体系认证标志

3. 按照商标的特殊性进行分类

（1）驰名商标：在中国为相关公众广为知晓并享有较高声誉的商标。如格力、同仁堂、狗不理、海尔等，如图 1-22～图 1-25 所示。

图 1-22　格力商标

图 1-23　同仁堂商标

图 1-24　狗不理商标

图 1-25　海尔商标

（2）联合商标：同一个商标所有人在同一种或者类似商品和服务中注册两个或两个以上近似的商标。目的就是企业在成名之后，防止其他企业运用相近相似的商标损害本企业的利益。如娃哈哈公司就同时注册了"娃哈哈"（见图 1-26）、"哈哈娃"等商标。"全聚德"食品集团同时注册了"全聚德"（见图 1-27）、"全德聚""聚全德""聚德全""德全聚""德聚全"等商标，构成联合商标。

图 1-26　娃哈哈商标　　　　图 1-27　全聚德商标

（3）防御商标：商标所有人将已为公众知晓的商标，在该商标核定使用的商品和服务类别之外的其他类别上注册相同的商标，以防止其他经营者恶意注册使用。如海尔集团就在所有的商品类别上都注册了"海尔"商标，国家电网公司在所有类别上都注册了国家电网商标。

（4）地理标志：某商品由于受某地区独特自然因素或人文因素的影响，会有特定的质量、信誉或者其他特征。而用以标示某商品来源于该地区的特定标志就是地理标志。如"金华火腿"（见图 1-28）"阳澄湖大闸蟹""烟台苹果"等。

图 1-28　金华火腿

（5）集体商标：是指以团体、协会或者其他组织名义注册，提供该组织成员在商事活动中使用，以表明使用者在该组织中的成员资格的标志。如世界各航空公司在客机上都会喷涂自己加入的航空公司联盟的标志，即星空联盟、天合联盟和寰宇一家，如图 1-29～图 1-31 所示。《中华人民共和国商标法》和《中华人民共和国商标法实施条例》规定，集体商标注册申请人的主体应当是某一组织，可以是工业或者商业的团体，也可以是协会、行会或者其他组织，而不能是某个单一的企业法人或者自然人。

图 1-29　星空联盟　　　　图 1-30　天合联盟　　　　图 1-31　寰宇一家

4. 按照是否进行商标注册进行分类

（1）注册商标：向国家商标主管机关申请注册并获得核准使用的商标。

（2）非注册商标：使用者没有向国家商标管理机关申请注册，自行使用的商标。按照我国商标法及其他相关法律法规的规定，只有注册的商标才受法律的保护。非注册商标使用人使用商标不得违反我国商标法律法规的规定，不得侵犯注册商标人的合法权益。

三、商标的注册及其保护

注册商标可以保护自己的商标不受侵犯，不被他人使用，可以维护商品的信誉和形象。另外，注册了的商标不仅可以增强消费者的认同感，还可以增强企业自身维护品牌价值的信念，提升品牌形象，有助于拓展市场。

1. 商标的注册

商标注册是商标得到法律保护的前提，是确定商标专用权的法律依据。商标使用人一旦获准商标注册，就标志着他获得了该商标的专用权，并受到法律的保护。

商标注册必须依照法律规定的条件和程序，向国家商标主管机关（国家知识产权局商标局）提出注册申请，经国家商标主管机关依法审查，准予注册登记。

2. 商标的保护

商标保护是通过商标注册，确保商标注册人享有用以标明商品或服务，或者许可他人使用以获取报酬的专用权，而使商标注册人及商标使用人受到保护。

商标保护有两种方式：一种是由国家各级市场监督管理部门或公安经济侦查部门主动行使权力对主管辖区内发生的假冒注册商标、商标侵权案件进行依法查处；另一种是由企业、个人向上述两个部门举报商标违法、犯罪行为或由相关商标使用权人向法院起诉商标侵权。

《中华人民共和国商标法》规定，注册商标的有效期为十年，自核准注册之日起计算。有效期期满之前 12 个月可以进行续展并缴纳续展费用，每次续展有效期仍为十年。续展次数不限。如果在这个期限内未提出续展申请，可给予 6 个月的宽展期。若宽展期内仍未提出续展申请，商标局将其注册商标注销并予公告。

商标权具有严格的地域性，只在注册国领域内有效。为此，国际上签订了一些条约，以利于在国外获得商标保护，如《保护工业产权巴黎公约》《商标国际注册马德里协定》《商标注册条约》等。

任务实施

任务书 3

学生自行分组，每组学生分别扮演小明、春花、大凤和秋月四名实习生，前往学校附近的超市、商场，观察牙膏、方便面、饮料、服饰四种货品，并按以下步骤完成下面的任务。

1. 认识商标的品牌、样式和类别并完成表单填制；
2. 查找商标禁用条款；
3. 每组设计一个简单的商标。

步骤 1：填一填——了解货品不同的品牌和商标样式

把在超市和商场观察到的牙膏、方便面、饮料、服饰四种货品的品牌和商标（可打印粘贴）填入表 1-10 中。

表 1-10 任务三工作记录表

货品名称	货品品牌	货品商标
牙膏		
方便面		

货品名称	货品品牌	货品商标
饮料		
服饰		

步骤 2：连一连——知道货品商标的类别

请先识别表 1-11 中商标信息，明确货品商标种类，用铅笔进行连线；然后打开前文的任务准备，查阅和检验自己的铅笔连线是否正确，如有错误，请用水笔或签字笔更正。

表 1-11　任务三工作记录表

货品商标	连线区域	货品商标类别	选择的理由
		文字商标	
		图形商标	
QQ 提示音		组合商标	
		声音商标	
		商品商标	
		服务商标	
滴滴出行		商业商标	
		证明商标	

续表

货品商标	连线区域	货品商标类别	选择的理由
		驰名商标	
中兴通讯在商标的 45 个类别上都注册了"中兴"商标		联合商标	
		防御商标	
		地理商标	
		集体商标	

步骤 3：查一查——商标的禁用条款

《中华人民共和国商标法》于 1982 年 8 月 23 日通过并实施，共经过了四次修正。请各组同学查找相关法律规定，并列出哪些标志不得作为商标使用。

步骤 4：比一比——设计一个商标

商标的设计应做到鲜明醒目、简洁明了、别致新颖。请每个小组的同学为一款即将上市的功能饮料设计一个商标。比一比，看看哪个小组设计的商标最出色。

任务评价

任务评价表

被考评组别：	被考评组别成员名单：			
考评内容：				
考评项目	分值	小组自我评价（30%）	其他组别评价（平均）（40%）	教师评价（30%）	合计（100%）
参与讨论的积极性	15				
语言表达	15				
任务完成情况	40				
团队合作精神	15				
沟通能力	15				
合　　计	100				

拓展提升

一、选择题

试题类型	多项选择题	难度	低
1. 按货品商标的特殊性分类，可以分为（ ）。			
选项 A	地理商标		
选项 B	组合商标		
选项 C	防御商标		
选项 D	驰名商标		
2. 商标的主要作用体现在（ ）。			
选项 A	标示商品或服务特色，帮助消费者认牌购物		
选项 B	促使生产者或经营者提高产品或服务质量，促进企业竞争		
选项 C	增强企业的广告宣传效果		
选项 D	是一种知识产权，更是一种无形资产		
3. 某单位有一注册商标，其有效期至 2018 年 1 月 21 日届满，该单位需要继续使用此商标。下列观点中正确的有（ ）。			
选项 A	应在 2017 年 7 月 21 日至 2018 年 1 月 21 日期间提出续展申请		
选项 B	如在规定期限内未提出续展申请，就撤销其商标注册专有权		
选项 C	每次续展有效期为十年，续展次数不限		
选项 D	如在规定期限内未提出续展申请，商标局就有义务代为续展商标		

二、判断题

试题类型	判断题	难度	低

（ ）1. 按商标的用途可以分为商品商标、服务商标、商业商标。商品商标指标注在商品上的商标。

（ ）2. 商标的价值量是没有固定值的，也随着发展而不断变化。

（ ）3. 对侵犯商标专有权的行为，市场监督管理部门有权依法查处，对涉及犯罪的，应及时移送司法机关依法处理。

项目二 认识货品性质和影响货品质量的因素

任务一 认识货品的性质

小明、春花、大风、秋月四位同学在上一阶段已了解了公司运营的货品分类情况，负责人杨经理要求他们在一周内尽快了解货品的基本性质，并告诉他们："在装卸、运输和保管等各个环节中，由于货品本身的自然属性、化学成分与结构都不同，当受到温湿度、阳光、雨水和微生物等不利环境因素的影响，以及运输中装卸搬运的外力影响时，货品可能发生各种各样的质量变化，造成货品使用价值和经济价值的损失。因此，为了保证货品运输安全和货品质量，减少或避免运输中产生的货损货差，有必要掌握不同货品的不同特性。货品的各种特性，是由物质的机械性质、物理性质、化学性质和生物性质决定的。"

任务准备

一、货品的机械性质

货品的机械性质是指货品在受到外力作用时，具有抵抗变形或破坏的能力的性质。货品采用不同包装，可具有不同的抵抗变形或破坏的能力。所以，货品的机械性能既与货品本身质量、形态等性质有关，又与其包装质量有关。抗压强度是最常用的机械性指标，即抗压性，决定着货品的堆码高度或耐压的强度。常用的机械性指标还有韧性，即物质抵抗冲击力的能力，韧性低的货品不耐受外界冲击力。货品的机械性质与其质量关系极为密切，体现货品适用性、坚固耐久性和外观等重要内容，包括货品的抗压性、弹性、强力、韧性、脆性等。如图2-1所示的三种不同材质的杯子，机械性质就有明显差异，其中塑料杯的抗压性、弹性、韧性都是最强的，物流过程中防护包装要求最低，也是日常生活中携带最方便的。

玻璃杯   塑料杯   陶瓷杯

图 2-1 不同机械性质的三种杯子

二、货品的物理性质

货品的物理性质是指货品具有的受外界的温度、湿度、阳光、雨水等因素影响发生物理变化的性质。货品发生物理变化时，虽然不改变其原来的化学组成，但会造成数量减少、质量降低甚至是损坏，为生物变化和化学变化创造条件，导致货运作业困难或发生危险性事故。

1. 货品的吸湿性

货品吸湿性是指货品吸收和放出水分的特性，在潮湿的环境中能吸收水分，在干燥的环境中放出水分。货品吸湿性的大小，吸湿速度的快慢，直接影响该货品含水量的增减，其含水量的多少以及吸湿性的大小与货品在储存期间发生的吸潮溶化、风干及腐败等质量变化有直接关系，储运过程中应严格控制周遭环境的温湿度。如图2-2所示，白砂糖的吸湿性较高，适宜密封包装。

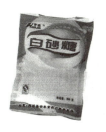

袋装白砂糖　　　　橡胶轮胎　　　　香水、香薰、香膏

图 2-2　不同物理性质的三种货品

2. 货品的导热性

货品的导热性是指物体传递热能的性质。货品的导热性与其成分和组织结构有密切关系，同时货品表面的色泽与其导热性也有一定关系。

3. 货品的耐热性

货品的耐热性是指货品耐温度变化而不致被破坏或显著降低强度的性质。货品的耐热性与其成分、结构、不均匀性、导热性、膨胀系数有密切关系。耐热性差的货品，如图 2-2 所示的橡胶轮胎在温度变化的情况下，易发生成分和结构的变化，产生老化现象。

4. 沸点

液体货品的沸点直接影响货品的挥发速度，液体货品的沸点越低，储存过程中越易发生挥发，从而造成货品中的有效成分减少和重量降低。如图 2-2 所示，香水、香薰、香膏一类的货品易挥发，包装必须严密。

三、货品的化学性质

货品的化学性质由货品的组成成分决定，是指货品的形态、结构在光、热、氧、酸、碱、温度、湿度等作用下发生本质改变的性质，包括货品的化学稳定性、毒性、腐蚀性、燃烧性、爆炸性等。

1. 货品的化学稳定性

货品的化学稳定性是指货品受外界因素作用，在一定范围内，不易发生分解、氧化或其他变化的性质。货品化学稳定性的强弱与其成分、结构及外界条件有关。

2. 货品的毒性

货品的毒性是指某些货品能破坏有机体生理功能的性质。具有毒性的货品，主要是用作医药、农药以及化工货品等，如图 2-3 所示的醉螨农药。货品的毒性来源于货品本身或分解化合后产生的有毒成分等。

3. 货品的腐蚀性

货品的腐蚀性是指某些货品通过化学作用，接触生物组织时会造成严重损伤，或在渗漏时会严重损坏其他货品或运载工具的性质。

醉螨农药　　　　　　　　机油　　　　　　　　鞭炮

图 2-3　不同化学性质的三种货品

4. 货品的燃烧性

有些货品性质活泼，发生剧烈化学反应时常伴有热、光同时产生，这种性质称为货品的燃烧性。具有燃烧性的货品被称为易燃货品。常见的易燃货品有红磷、火柴、松香、汽油等低分子有机物，如图 2-3 所示的机油。易燃货品在储存中应注意防火。

5. 货品的爆炸性

爆炸是物质由一种状态迅速变化为另一种状态，并在瞬息间以机械功的形式放出大量能量的现象。常见的易爆货品有鞭炮、汽油、天然气等，如图 2-3 所示的鞭炮。对易爆货品必须有严格的管理制度和办法，专库储存。

四、货品的生物性质

货品的生物性质是指有生命的有机体货品及寄附在货品上的生物体，在外界各种条件的影响下，能分解营养成分的性质。其包括货品本身的生命活动（呼吸过程消耗营养物质）和微生物在有机体内活动两个方面。如粮谷、豆类、油籽、果菜等存在维持生命的活动，它们通过缓慢氧化（吸收）维持生命，如图 2-4 所示的洋葱发芽；而羊肉片（图 2-4）和鲜鱼、肉类等货品则由于微生物的生命活动而使营养物质分解。呼吸强度和微生物活动的程度与货品的温度和水分含量有关，较多的情况下，生命活动较为旺盛；在低温、干燥的条件下，生命活动会被抑制。

洋葱发芽　　　　　　　　羊肉片

图 2-4　不同生物性质的两种货品

任务实施

任务书1

课前让学生自行分组，两人一组，利用课余时间前往学校附近的大型超市，观察饮料、水果、茶叶、花生油四种货品，并按以下步骤完成任务。

步骤1：连连看——了解货品的各种性质

先阅读并思考下面的货品性质类型、性质类型说明和性质对应的特性，用铅笔进行连线；然后再次阅读前文的任务准备，检查自己的铅笔连线是否正确，如有错误，请用水笔或圆珠笔更正。

有生命的有机体货品及寄附在货品上的生物体，在外界各种条件的影响下，能分解营养成分的性质	生物性质	微生物在有机体内活动
		化学稳定性
		毒性
货品的形态、结构在光、热、氧、酸、碱、温度、湿度等作用下发生本质改变的性质	化学性质	腐蚀性
		燃烧性
		爆炸性
货品具有的受外界的温度、湿度、阳光、雨水等因素影响发生物理变化的性质	物理性质	耐热性与沸点
		导热性
		吸湿性
		脆性
货品在受到外力作用时，具有抵抗变形或破坏的能力的性质	机械性质	抗压性
		弹性
		强力
		韧性

步骤 2：连线并说明理由——辨析和比较货品的性质

不同类型的货品具有不同的性质组合，在物流过程中所侧重的特性也不同，从而对物流提出了不同的具体要求。仔细观察表 2-1 中四种货品及其相应的物流操作要求，思考并选择它们相应所受的货品性质制约，用铅笔连线并说明理由。然后打开前文的任务准备，查阅和检验自己的铅笔连线是否正确，如有错误，请用水笔或圆珠笔更正。

表 2-1　物流过程要求与货品性质连线

货品	物流过程的要求	连线区域	货品性质的制约	选择的理由
	樱桃的包装薄膜袋有透气孔		机械性质	
	茶叶必须密封储运		物理性质	
	塑料瓶装水堆码层数不能超过 10 层		化学性质	
	鲁花牌花生油不能在阳光直接照射下存放		生物性质	

任务评价

任务评价表

被考评组别：		被考评组别成员名单：		
考评内容：				

考评项目	分值	小组自我评价（30%）	其他组别评价（平均）（40%）	教师评价（30%）	合计（100%）
参与讨论的积极性	15				
语言表达	15				
任务完成情况	40				
团队合作精神	15				
沟通能力	15				
合　　计	100				

拓展提升

1. 仔细观察表 2-2 中不同包装的农夫山泉水，从机械性质、物理性质以及成本、物流运作等角度进行比较，思考各种包装各有什么优缺点。

表 2-2 不同包装的优缺点

不同包装的农夫山泉水	优缺点分析结果
不同材质、不同规格、不同外形的小包装	
收缩薄膜大包装 纸箱大包装	

2. 利用课余时间前往学校附近的大型超市观察各种不同货品的大、小包装情况，结合任务一所学知识进行进一步的思考。

任务二 认识货品的质量变化

任务描述

经过任务一的学习，小明、春花、大风、秋月已能掌握货品的基本性质，但留意到个别货品出现了变质，就虚心向主管和同事们请教。杨经理了解问题后，要求他们在 3 天内弄清公司运营的货品可能发生的质量变化的类型，并告诉他们："由于货品本身的性质不同，在装卸、运输和保管等各个环节中，当受到温湿度、阳光、雨水和微生物等不利环境因素的影响，以及运输中装卸搬运的外力影响时，货品可能发生各种各样的质量变化，包括机械变化、物理变化、化学变化和生物变化。因此，为了避免货主、物流公司、收货人之间的纠纷，界定清楚相互间的责任，在收货、发货时必须仔细检验货品是否已发生质量变化，在仓储保管过程中必须定期盘点以避免或及时发现货品的质量变化。"

1. 知道货品的各种质量变化。
2. 能初步辨析货品的质量变化情况并找出原因。

一、货品的机械变化

货品发生机械变化的形式主要有破碎与变形、渗漏、结块等。

1. 货品的破碎与变形

货品的破碎与变形都是指货品在受到超过其所能承受的外力作用时所形成的外观乃至结构的改变，当外力消失后仍不可能恢复原状，这种货品形态改变情况在很大程度上导致货品使用价值的下降乃至丧失，是最常见的货品机械变化。

无论是玻璃制品、陶瓷制品以及用玻璃、陶瓷做包装材料的易碎货品，还是橡胶制品、塑料制品、皮革制品和铝制品等易变形货品，必须包装坚固牢靠，在包装与货品的间隙中使用适当填充物以缓冲可能的外力冲撞，并在外包装上清晰地标出储运指示标志；在运输仓储过程中必须注意不宜过高堆装、不能超过限定的堆码层数，更不应在上面再堆装重货，进行适度的加固绑扎，避免松散或倒塌。装卸搬运过程中要注意轻拿轻放，避免摔、抛、扔、丢及各种撞击，进行装卸作业时应稳铲、稳吊、稳放，防止货品受外力作用而变形。易破碎或变形的货品如图 2-5 所示。

玻璃花瓶　　　　　　　陶瓷碗　　　　　　　酒瓶

图 2-5　易破碎或变形的货品

2. 货品的渗漏

货品的渗漏主要是指液体货品由于包装容器密封不严、包装材料质量不达标、装卸搬运时不当操作破坏了包装、内装液体受温度变化影响发生膨胀等原因而致使包装破裂，液体货品出现滴、漏、冒等外漏情况。渗漏不仅会造成货品数量和价值的直接损失，还会导致其他货品及储存环境的污染，带来间接的经济损失，所以易渗漏货品应堆装于底部或边角位置，一旦有渗漏发生，应立即处理并清洁。

渗漏主要与货品包装材料性能、包装容器结构、包装技术和储运过程的作业情况和温度控制等有关。因此，对液体货品应加强入库前验收、运输前检验、运输过程监控、在库定期检查及仓库温湿度控制管理。如运输过程中，可加强对液体货品包装容器的检查和高温时的防暑降温措施，装卸搬运时要选择使用合适的器具，车厢内、船舱内应紧密堆装，不留空隙，以免运载过程中货品相互碰撞而导致货品渗漏。

3. 货品的结块

粉粒晶体状货品在受重压、潮湿、干燥、高温、冷冻等因素影响下容易发生结块现象。货品结块不仅对货品的质量有损害，而且会在装卸中造成货品包装断裂以致散装货品难以卸货的情况。因此，在储运过程中，货品的堆放不要重压久压，并且要控制温湿度，避免受潮结块。

二、货品的物理变化

货品的物理变化主要有固体货品的吸湿、散湿、软化、熔化或溶解和干缩脆裂，液体货品的沉淀、凝固或冻结，气体货品的压力变化与爆炸等。

1. 固体货品的吸湿、散湿、软化、熔化或溶解和干缩脆裂

某些固体货品具有较强的吸湿性和水溶性，当储存环境的空气温度和相对湿度较高、货品与空气接触面积较大的时候，货品就容易出现吸湿、散湿、软化和溶解的现象；但当空气变干燥后，表面水分逐渐蒸发，货品又重新出现硬化现象，导致货品质量下降和使用价值受损。因此，这类固体货品应采用防潮包装，存放在干燥、凉爽的环境中，全过程监控温湿度，定期进行包装受损情况的检查，若有异常情况立即进行处理。

某些固体货品的熔点较低，当温度升高时就容易发软变形，乃至熔化为液体状。货品熔点较低或者含有某些杂质是货品熔化的内因，熔点越低，越易熔化；杂质越多，越易熔化。蜡烛、圆珠笔芯、发蜡、石蜡、松香、油膏、胶囊、糖衣片、香脂、蛤蜊油等，都是较易熔化的货品。图2-6列示了3种易熔化的货品。货品熔化，不仅本身使用价值和经济价值受损，而且会粘连包装、污染其他货品，导致间接经济损失。因此，易熔化货品应储存在温度较低、阴凉通风、无阳光直射和密封隔热的库房中。

发蜡

胶囊

蜡烛

图2-6 易熔化的货品

某些固体货品因储存环境过热、干燥或存放时间过长而失去所含正常水分，容易出现干缩、脆裂现象。像糕点、香烟、木制家具、香皂、乐器、皮革制品等货品都有一定的安全水分要求。货品吸湿性越强，就越容易在干燥的空气中因严重失水而干缩、脆裂。图2-7列示了3种易干缩或脆裂的货品。为防止相应损失，这类货品应储存在避免日晒、风吹的库房，并全过程监控温湿度，确保货品含水量在合理范围内。

蛋糕　　　　　　　　　木制家具　　　　　　　　　香烟

图2-7　易干缩或脆裂的货品

2. 液体货品的沉淀、凝固和冻结

某些液体货品含有胶质和易挥发的成分，在温度过低或过高的情况下，会出现部分物质凝固，进而发生沉淀、凝固或膏体分离的现象。止咳枇杷露、蜂蜜、墨汁、动物油等货品属于常见易发生沉淀、凝固的货品。因或多或少影响到货品的质量、外观和使用价值，因此这类货品应储存在避免阳光日晒的库房，做好冬季保温和夏季降温。图2-8列示了两种此类货品。

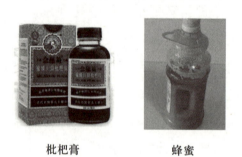

枇杷膏　　　　　　　蜂蜜

图2-8　易沉淀、凝固或膏体分离的货品

某些液体货品在温度过低的情况下，会发生冻结现象，使其内在营养价值发生变化，从而导致使用价值和经济价值的下降或丧失。对此类液体货品，在冬季里应注意做好保温工作。

3. 气体货品的压力变化和爆炸

当温度发生较显著变化或遭受猛烈撞击时，存放气体货品的包装容器内的气压会随之发生一定的变化；倘若超过容器的承受强度，就很可能发生爆炸，如氧气瓶、乙炔气瓶等。一旦发生爆炸所带来的经济损失是非常巨大的，并很有可能发生人身伤害事故，因此在装卸搬运和储存过程中都要注意使用恰当的装卸运输工具，轻拿轻放，避免撞击，同时在全程注意调控温度和压力，避免临近或超过容器的承受强度。

4. 货品的挥发、串味、沾污

挥发是指某些液体货品（如涂改液、指甲油、香水、花露水、白酒、印刷油墨、碘酒、乙醚等）或经液化的气体货品（如液氧、液氮、液化甲烷、液氨等）或某些固体货品（如樟脑丸、碘片等）在空气中蒸发、升华的汽化现象。挥发的速度与温度的高低、周围空气流动速度的快慢、货品表面接触空气面积的大小成正比关系。挥发会导致货品的有效成分减少，增加货损，还容易引起燃烧或爆炸；如果是有毒性或麻醉性的成分发生挥发，就会造成环境污染和人身伤害事故。因此，必须加强该类货品的包装密封性，注意监控储运全过程的温度情况，保持较低温的储存环境以防挥发。

串味指吸附性较强的货品吸附其他气味，导致本来气味发生变化的现象。常见易串味的货品有茶叶、大米、面粉、食糖、棉麻纺织品等，图2-9列示了3种易被串味的货品。而常见的易引起其他货品串味的货品有樟脑丸、香皂、化妆品、农药、汽油、柴油及有较浓烈味道的水果（如榴梿）等，图2-10列示了其中3种货品。易串味的货品应尽量采取密封包装，储运过程中不能与有强烈气味的货品同车、同舱并运或同库并存，运输工具和储存仓库应提前做好清洁工作。易散发特殊气味或易引起其他货品串味的货品，应密封包装，尽可能独立运输和存放。

大米　　　　　　　　　麻纱衣服　　　　　　　　　茶叶

图2-9 易被串味的货品

樟脑丸　　　　　　　　　榴梿　　　　　　　　　农药

图2-10 易散发气味的货品

沾污指因生产、储运过程中卫生条件差或操作不当及包装不严所导致的货品外表沾上其他脏物或染上其他污秽的现象。货品的外观质量要求越高，沾污导致的损失越大，因此经济价值高、外观质量要求高的货品（如精密仪器仪表、绸缎、呢绒、服装等）特别要注重包装严密和储运过程中操作稳妥。

三、货品的化学变化

货品的化学变化是指货品的构成物质在光、氧、水以及酸、碱等作用下发生化学变化，不仅货品外表形态发生变化，货品的本质也发生变化——形成新物质且不能恢复原状。货品的化学变化主要有氧化、老化、锈蚀、分解、水解、裂解、曝光、聚合等形式。

1. 货品的氧化、老化和锈蚀

氧化是指货品与空气中的氧或其他能放出氧的物质所发生的与氧结合的变化。如含油脂类的食品较易氧化而导致酸败，口感和营养价值都下降，棉麻丝纤维织品发生氧化会导致表面颜色变暗和纤维强度下降。货品发生氧化反应，不仅会降低货品的质量，影响货品的使用价值和经济价值，有些情况下还会在氧化过程中释放热量、发生自燃乃至发生爆炸事故，导致人身伤害事故。因此，该类货品必须储存在避光、低温、通风、散热的库房，包装严密，避免与氧发生接触。

老化主要指某些以高分子化合物为主要成分的货品在日光、高温、氧气等环境因素作用下，逐渐失去原有优良性能，以致最后丧失使用价值的化学变化。如图 2-11 所示，塑料制品和橡胶制品老化后变软、发黏或变硬、发脆、失去弹性、失去韧性、产生龟裂等。为减缓或阻止老化现象，该类货品应储存在避免日光照射、避免高温的场所，同时堆码不能过高，避免重压。

塑料杯　　　　　　　橡皮筋　　　　　　　橡胶轮胎

图 2-11　易老化的货品

锈蚀是指金属制品或金属包装的货品与空气等发生化学反应或电化学反应而引起的货品变质现象，是金属货品的主要变质形式，会在金属制品或金属包装的表面上形成不规则的斑点、凹洞、溃疡，并不断向里深入腐蚀。如铁栏杆锈蚀后会形成铁红色斑点，铁锈甚至会呈层状剥落，铜制小摆件锈蚀后会形成蓝绿色的斑点并会不断蔓延。所以，如图 2-12 所示，水龙头、螺丝钉等金属制品或金属包装制品在储运过程中必须监控空气湿度，防止湿度过高，同时减少空气中的有害成分（如二氧化碳和尘埃、悬浮小颗粒等），并保持货品的表面光洁（若提前在货品表面涂抹一定的防锈油，效果会更好）。

水龙头

螺丝钉

图 2-12　易锈蚀的货品

从本质而言，货品的锈蚀和老化都是货品氧化的表现之一。

2. 货品的分解、水解和裂解

分解是指某些性质不稳定的货品，在光、电、热、酸、碱和潮湿空气的共同作用下，由一种物质衍生成两种或两种以上物质的化学变化现象。货品发生分解不仅使货品质量劣变、丧失使用价值，导致合格货品的数量减少、质量降低，更有可能在分解反应过程中生成热量和可燃气体而引发事故。因此，对于易发生分解反应的货品，应注意包装严密，在储运过程中避免发生分解变化所需要的外部条件，阻断分解发生所需要的条件支持。如过氧化氢在高温下会迅速分解为氧气和水，那么在过氧化氢的储运过程中就必须尽量保持常温或低温。

水解是指某些货品在一定条件下与水作用所发生的复分解现象。如棉纤维容易在酸性环境下发生水解，引致棉纤维的大分子链节断裂，大大降低棉纤维的强度；而相反，棉纤维在碱性环境下却较为稳定。因此，与易分解的货品一样，易水解的货品也要注意包装严密，避免发生变化所需的外部条件，尤其注意包装材料和储运环境的酸碱性。

裂解是指高分子有机物在光、氧、热的作用下发生分子链断裂、分子量降低，从而强度降低、机械性能变差，产生变软、发黏等现象。如天然橡胶、塑料、棉、麻、丝、毛等货品就比较容易发生裂解，所以在储运过程中要防止受热和避免日光的直接照射。

3. 货品的曝光和聚合

曝光是指某些货品见光产生分解，引起变质或变色的现象。如图 2-13 所示，照相机胶卷见光就作废，漂白粉和洗衣粉受光、热或二氧化碳作用就会失去漂白、洁净作用。因此，易发生曝光反应的货品在储运过程中必须注意避免日光的照射。

聚合是指某些货品在外界条件影响下，使同种分子互相加成而结合为一种更大分子的现象。如桐油表面结块等。易发生聚合反应的货品在储运过程中要特别注意日光和温度的影响。

四、货品的生物变化

在物流过程中，有机体货品或寄附在货品上的生物体所发生的生物变化形式主要有新陈

照相机胶卷　　　　　　　漂白粉　　　　　　　　洗衣粉

图 2-13　易发生曝光反应的货品

代谢、微生物危害、虫鼠危害等。

1. 有机体货品的新陈代谢

新陈代谢是一切活的有机体货品都具有的最普通的生物现象，呼吸、生长、成熟、死亡，寄附在货品上的微生物、害虫也都具有此特性。有机体的呼吸可分为有氧呼吸和缺氧呼吸两种。有氧呼吸可造成有机体中营养成分大量消耗并产生自热、散热现象，而严重的缺氧呼吸所产生的酒精积累过多则会引起有机体内细胞死亡。所以，鲜活禽畜和鲜活水产品（如活猪、活鸭、活鸡、活鱼、活虾等）运载前应做好相应的消毒防疫处理，所用的车船运输设备应提前清洁，在储运过程中必须保持良好的通风、卫生并严格控制温湿度，鲜活水产品还需进行水中加氧，避免掉膘或死亡；新鲜蔬果的运载则须保持通风卫生并尽可能保持较低温度，使之进行微弱的有氧呼吸，否则如图 2-14 所示，新鲜蔬果很容易产生自热、散热现象，从而加快新陈代谢的进程——加快成熟，同时自热、散热现象更刺激微生物的生长和繁殖，带来微生物危害。

土豆发芽　　　　　　　甘蔗发霉　　　　　　　玉米脱水干瘪

图 2-14　发生生物变化的货品

2. 微生物危害

微生物是借助于显微镜才能看见其个体形态的小生物，种类非常多，造成货损的微生物主要有细菌、酵母菌和霉菌三大类。一般来说，货品含水量越多，储运环境越温暖潮湿，就越适宜微生物的生长和繁殖，所以储运过程中控制货品含水量和环境温湿度以及防止感染是防止微生物危害的主要措施。如远洋海运过程中遭遇暴风雨，棉纺织品受潮，又未能及时处理，就很容易滋生霉菌，导致货品的使用价值和经济价值大打折扣，且很可能被拒收。

3. 虫鼠危害

虫鼠对有机体货品的危害性很大，虫鼠的蛀食使货品发生破碎、空洞，虫鼠的分泌物、粪便、尸碱会玷污货品，并带来发热和霉变，影响货品的质量和外观，导致其使用价值和经济价值降低甚至完全丧失。如果粮仓有虫鼠，就很容易出现粮谷陈化、发热、霉变。

虫鼠危害一般与储运环境的温湿度、货品的含水量有关，需要防治相结合：一是做好运输工具和仓库的清洁卫生，存放食品、药材等易招老鼠的货品的库房可以养猫，切断虫鼠来源；二是控制库房的温湿度，货品入库前做好检查验收，发现虫鼠立即采用适当方法杀虫灭鼠。

任务实施

任务书 2

　　课前让学生自行分组，两人一组，利用课余时间前往学校附近的超市、农贸市场，观察土豆、花生油、陶瓷猪仔、白砂糖四种货品，并按以下步骤完成任务。

步骤 1：选选看——了解货品的各种质量变化

先阅读并思考图 2-15 中的货品质量变化类型和具体的变化形式，选择并用铅笔把右边的质量变化形式填入左边的四种质量变化类型区域内；然后打开前文的任务准备，查阅并检验自己的答案是否正确，如有错误，请用水笔或圆珠笔更正。

步骤 2：看图与填表——检查和辨析货品的质量变化

不同类型的货品具有不同的性质组合，在物流过程中可能发生的质量变化情况也不同，从而对物流提出了不同的具体要求。仔细观察表 2-3 中的四种货品，思考并用铅笔填写相应的质量变化类型和具体形式。然后打开前文的任务准备，查阅并检验自己的答案是否正确。如有错误，请用水笔或圆珠笔更正。

机械变化：

物理变化：

化学变化：

生物变化：

新陈代谢	溶解
微生物危害	吸湿
虫鼠危害	散湿
氧化	挥发
老化	凝固
锈蚀	冻结
曝光	压力变化
分解	爆炸
水解	变形
聚合	渗漏
裂解	破碎
软化	结块
熔化	

图 2-15　填写质量变化形式与类型

表 2-3　填写质量变化类型与形式

收货时发现有两箱土豆出现右图所示的情况

质量变化类型：＿＿＿＿＿＿＿＿＿＿
具体形式：＿＿＿＿＿＿＿＿＿＿＿＿

盘点时发现有一箱白砂糖出现了右图所示的情况

质量变化类型：＿＿＿＿＿＿＿＿＿＿
具体形式：＿＿＿＿＿＿＿＿＿＿＿＿

收货时发现有一个纸箱的边角有轻微破损迹象，打开发现有三个陶瓷猪仔如右图所示

质量变化类型：＿＿＿＿＿＿＿＿＿＿
具体形式：＿＿＿＿＿＿＿＿＿＿＿＿

盘点时发现有两桶花生油出现了右图所示的情况

质量变化类型：＿＿＿＿＿＿＿＿＿＿
具体形式：＿＿＿＿＿＿＿＿＿＿＿＿

任务评价

任务评价表

被考评组别：	被考评组别成员名单：				
考评内容：					
考评项目	分值	小组自我评价（30%）	其他组别评价（平均）（40%）	教师评价（30%）	合计（100%）
参与讨论的积极性	15				
语言表达	15				
任务完成情况	40				
团队合作精神	15				
沟通能力	15				
合　计	100				

拓展提升

现在你担任公司的入库检验员，有一批共 24 箱苹果入库，其中有一箱的外包装有破损迹象，打开检查发现有 17 个苹果出现如右图所示情况；共抽检 5 箱，无其他不正常情况。经请示负责人（你的同桌）和联系供应商后，如实登记、拍照留存并清理不合格货品、整理入库。请尝试填写下面的验收记录单。

验收记录单

记录号：20210601001

货品名称		到货数量（箱）		抽检数量（箱）	
到货日期	20210601		检验日期		20210601
供应商	绿洲鲜果有限公司		运单号		T202106021
检验情况				备注	
1. 外包装检查					
2. 外包装规格检查					
3. 拆箱货品检查					
4. 货品质量检查					
检验结论：	□合格		□让步接收		□拒收
检验员：			批准人：		

任务三　掌握影响货品质量的因素

任务描述

　　小明、春花、大风、秋月四位同学在任务二的学习中已经掌握了货品的质量变化知识，但还是不明白货品发生质量变化的原因，于是就带着疑问请教主管和同事们。杨经理了解到他们的困惑后，就讲了下面的一个真实案例，要求他们在分析案例的基础上总结出影响货品质量的因素，并告诉他们"货品在脱离生产领域后，其自然质量已经形成，货品从生产到最终消费者手中，要经过包装、运输、储存、销售等各个环节。如果在某个环节上没有采取相应的有效措施或遇上不可抗拒的外界因素，那么货品就很容易发生质量变化。为了使货损货差减少到最低限度，必须熟悉并掌握物流各个环节中货品质量变化的原因，以便采取有效措施，加强科学管理"。于是小明等四名同学就埋头开始研究下面的案例了。

　　2003 年，做了三年多冷链货运后，××物流（上海）有限公司终于等来了第一个大客户，某餐饮连锁企业有一批冻牛肉需要从上海送至北京。但几十吨牛肉送到北京后该餐饮企业全部拒收，理由是"温度不达标"：该餐饮企业要求冻牛肉全程温度必须控制在$-12 \sim 18\,℃$，××公司送来的牛肉温度却是$-10\,℃$。××公司只得花七八十万元把牛肉全部买下，供全体员工吃了整整半年。

　　这件事发生前，××公司的冷链货运业务客户多是经营低端水产品的小商贩，对温度要求不高。××公司对冷链的理解停留在"只要牛肉不化冻就可以"。这次教训让××公司意识到，要把冷链的生意做大，必须做得更"高端"一点。自此开始对公司车辆进行大规模的修理改造，还请专家设计了温度控制系统，对车内温度实时监测。2008 年公司更换了高性能的冷藏车，并成为北京奥运会冷链物流服务提供商。

任务目标

1. 理解影响货品质量的各种因素。
2. 能初步分析货品质量变化的原因。
3. 理解并牢记物流过程中正确操作的重要性。

任务准备

一、影响货品质量变化的内在因素

1. 货品的性质

如前面所述，由于货品本身的性质不同，在装卸、运输和保管等各个环节中，当受到温湿度、阳光、雨水和微生物等不利环境因素的影响，以及运输中装卸搬运的外力影响时，货品可能发生各种各样的质量变化，包括机械变化、物理变化、化学变化和生物变化。

2. 货品的包装

货品在脱离生产领域后，其自然质量已经形成，不同货品具有不同的性质组合，质量变化的可能性和状况都有差异，如陶瓷杯比塑料杯易碎；但经过适度的包装，尤其是运输包装，货品的性质组合就很可能发生改变，如陶瓷杯采用防震防损包装后，就大大提升了抗压性，其易碎程度就与塑料杯的相差无几。货品包装不妥导致货品质量变化的情况主要有两种。

（1）货品运输包装不良。货品包装材料不适合货品的性质，货品包装强度不足，包装内部结构、衬垫不当或使用有缺陷的旧包装等，致使货品破损、污损、断裂、散捆等。如图2-16所示，良好的运输包装可有效保护货品，大大降低货损率，甚至还可以提升整体装卸效率。

使用聚乙烯包装材料来加强防震效果

使用木条加固包装强度

使用收缩薄膜裹紧多件货品，作为一个集装
单元以提高整体装卸效率

使用拉伸薄膜稳固托盘上的小件货品，并在
集装箱内使用充气袋和绳索来加强固定

图 2-16　良好的货品运输包装

（2）货品标志的图字不清楚、内容不完整、不规范或脱落，造成运输标志、包装储运指示标志、危险物标志难以辨认或欠缺，则很容易造成错装、错卸、货差，致使装卸、堆放中发生货损、货差。

3. 货品的自然损耗

货品的自然损耗又称为自然减量，是指货品在运输、装卸、保管过程中，由于货品本身的性质、状态、自然条件、技术条件以及运输条件等因素的影响而造成货品在重量上不可避免地在一定标准内减少。货品的自然损耗是合理损耗，是非事故性的、非人为的货品减量，其大小与货品的种类、包装、装运方式、装卸方式、操作次数、环境湿度与温度、气候条件和运输时间长短等因素有关。所以，各种货品在不同情况下的自然损耗率是不同的。国际上和我国都规定了运输货品自然损耗标准，在现实操作中，运输双方可在有关合同中事先规定损耗限度。表2-4为国际惯例公认的部分货品自然损耗率。

表2-4 国际惯例公认的部分货品自然损耗率

货品类别	自然损耗率/%	货品类别	自然损耗率/%
谷物	0.1~0.2	水果类	0.213~2.55
煤炭	0.11~0.15	肉类	0.34~2.55
矿石	0.12~0.13	鱼类	0.213~1.7
水泥（袋装）	0.7	蛋类	0.15
盐	散装：0.85~3.0 袋装：0.3	酒类	0.085~0.34
蔬菜类	0.34~3.4	糖类	0.06~0.85

二、影响货品质量变化的外在环境因素

货品的质量变化主要是货品内部运动或生理活动的结果，并与外界因素有密切关系。外界因素主要包括空气的温度、湿度，周边环境的气体组成，日光，微生物和虫鼠危害，清洁卫生情况等。

1. 空气的温度

气温是影响货品质量变化的重要因素。高温能够促进货品的挥发、渗漏、熔化等物理变化及各种化学变化，低温则容易引起某些货品的冻结、沉淀等变化，温度忽高忽低，会影响货品质量的稳定性。此外，温度适宜时会给微生物和虫鼠的生长繁殖创造有利条件，加速货品腐败变质和虫蛀。因此，控制和调节仓储货品的温度是货品养护的重要工作内容

之一，表2-5列示了几种货品的温度要求。

表2-5 几种货品的温湿度要求

种类	温度/℃	相对湿度/%	种类	温度/℃	相对湿度/%
金属及制品	5~30	≤75	重质油、润滑油	5~35	≤75
碎末合金	0~30	≤75	轮胎	5~35	45~65
塑料制品	5~30	50~70	布电线	0~30	45~60
压层纤维塑料	0~35	45~75	工具	10~25	50~60
树脂、油漆	0~30	≤75	仪表、电器	10~30	≤70
汽油、煤油、轻油	≤30	≤75	轴承、钢珠、滚针	5~35	≤60

2. 空气的湿度

空气的干湿程度称为空气的湿度。空气湿度的改变，会引起货品的含水量、化学成分、外形或体态结构发生变化。湿度下降，将使货品因放出水分而降低含水量，减轻重量。如水果、蔬菜、肥皂等的萎蔫或干缩变形，纸张、皮革制品的干裂或脆损。湿度增高，货品含水量和重量相应增加，将导致蔗糖、食盐、化肥、硝酸铵等易溶性货品结块、膨胀或进一步溶化，金属生锈，纺织品、竹木制品、卷烟等霉变或被虫蛀等。所以，在货品养护中，必须掌握各种货品的适宜湿度，创造货品适宜的空气湿度，表2-5列示了几种货品的湿度要求。

3. 周边环境的气体组成

空气中约含有21%的氧气，氧非常活泼，能与许多物质发生作用，对货品质量变化影响很大。如金属货品锈蚀、有机体货品发生霉腐、害虫滋生、危险品爆炸等都与环境中氧含量大有关。因此，在货品养护中，对于受氧气影响比较大的货品，要采取各种方法（如浸泡、密封、充氮等）隔绝氧气对货品的影响。此外，氧气、二氧化碳、二氧化硫和水汽的存在，还会使金属制品因发生电化学锈蚀而质量下降。

4. 日光

日光中含有热量、紫外线、红外线等，对货品起着正反两方面的作用：一方面，日光能够加速受潮货品的水分蒸发，杀死杀伤微生物和害虫，有利于货品的保护；另一方面，某些货品在日光的直接照射下又会被破坏，如橡胶塑料制品的迅速老化，纸张发黄变脆，彩色布料褪色，药品变质等。因此，对这类货品要注意避免或减少日光的照射。

5. 微生物和虫鼠危害

微生物和仓库虫鼠的存在是货品发生霉腐、蛀蚀的前提条件。微生物在生命活动过程中分泌一种酶，可把货品中的蛋白质、糖类、脂肪、有机酸等物质分解为简单的物质供微生物吸收利用，从而使货品受到破坏、变质，最终丧失使用价值。同时，微生物在细胞内分解氧化营养物质后还产生各种腐败性物质，使货品产生腐臭味和色斑霉点，影响货品的外观，加速货品的老化，使货品使用价值下降甚至丧失。虫鼠在仓库里不仅蛀蚀动植物性货品和包装，而且有些仓虫还能危害塑料、化纤等化工合成货品，影响货品的质量和外观。因此，储存过程中要根据货品的特征，采取适当的温湿度控制措施，防止微生物、虫鼠的生长。

6. 清洁卫生情况

清洁卫生是保证货品免于变质腐败的重要条件之一。卫生状况不佳，不仅使灰尘、油垢、垃圾、腥臭等污染货品，造成外观瑕疵和感染异味，而且还为微生物、虫鼠等创造了活动场所。因此，货品在储运过程中一定要搞好周遭环境的卫生，保持货品本身的清洁，防止货品之间的相互污染。

三、影响货品质量变化的物流环节因素

1. 运输工具和储存设备

自货品离开生产环节，进入物流环节起，货品质量就受到运输路程的远近、运输时间的长短、运输的气候条件、运输路线、运输方式、运输工具及装卸工具等诸多因素的共同影响。为了降低不必要的货差、货损，选择运输工具时必须充分考虑货品的性质，才能避免或减少外界环境因素对货品质量的影响。

货品储存设备的状况也在一定程度上影响货品质量，如缺乏合适的装卸设备就很可能提高货品的破损率，如库场漏水漏电或露天场地苫垫设备不良都很可能致使货品水湿、污损、燃烧。

2. 储运过程的操作管理

货品储运过程中人为操作不当主要包括野蛮装卸、库场缺乏定期清洁、设备缺乏恰当维护、货品缺乏定期盘点检验、性质互相抵触的货品同库堆存、货品堆码过高、货品堆码不稳妥、残损货品污染其他货品、错装漏装、错卸漏卸、错发漏发、混装、交付不及时、仓库温湿度监控不到位，等等。

在影响货品质量的诸多因素中，人的因素是最基本、最重要的因素，其他因素都要通过人的因素才能起作用。人的因素包括人的质量意识、责任感、事业心、文化修养、技术水平和质量管理水平等。其中，人的质量意识、技术水平和质量管理水平对货品质量的影响尤为重要。

任务实施

任务书 3

课前让学生自行分组，4～6人一组，阅读任务描述中的案例，小组讨论，分析案例，并按以下步骤完成任务。

步骤 1：小组讨论，分析案例

小组讨论并回答以下问题。

1. 在普通人看来这批牛肉还可以食用，为什么某餐饮企业要拒收呢？

_____

_____

2. 这批牛肉因为物流过程中的温度控制问题使质量受到影响，结合日常生活经验思考：除了温度以外还存在哪些外在环境因素会对货品质量造成影响？尤其是在货品的储运过程中。

_____

_____

3. 如果冷链物流的温度控制达标，这批牛肉就不会被拒收；而××公司后来在设施设备上进行升级改造并显著受益。请思考：除了设施设备以外，在物流营运操作过程中还需要注意哪些操作要素？

_____

_____

步骤 2：分析影响货品质量的因素

在上述案例分析和回答问题的基础上，进一步思考和分析影响货品质量的因素，并填写表 2-6。

表 2-6 影响货品质量的因素及举例

影响货品质量的因素	举例

任务评价

任务评价表

被考评组别：　　　　　　被考评组别成员名单：

考评内容：

考评项目	分值	小组自我评价（30%）	其他组别评价（平均）（40%）	教师评价（30%）	合计（100%）
参与讨论的积极性	15				
语言表达	15				
任务完成情况	40				
团队合作精神	15				
沟通能力	15				
合　　计	100				

拓展提升

一、填空题

试题类型	填空题	难度	中

1. _____又称为自然减量，是指货品在_____、_____、_____过程中，由于货品本身的_____、_____、_____、_____以及_____等因素的影响而造成货品在重量上不可避免地在一定标准内_____。

2. 自货品离开生产环节，进入物流环节起，货品质量就受到_____的远近、_____的长短、运输的气候条件、_____、_____、_____及_____等诸多因素的共同影响。

二、综合题

利用课余时间上网搜索一个到两个关于物流过程操作不当而导致货品质量受影响的负面案例，进行分析和总结。教师可组织学生在课堂上进行讨论。

项目三　认识货品计量与检验

项目目标

1. 了解货品的计量单位。
2. 掌握主要货品重量的计算。
3. 了解货品的检验方法。
4. 掌握主要的货品检验方法。

任务一　进行货品计量

任务描述

通过前面的学习和锻炼，小明、春花、大风、秋月四位同学已经基本掌握了货品的性质、影响货品质量的因素，现在他们开始进入货品计量与检验部门实习。按照公司规定，货品检验包括数量检验和质量检验；要进行货品的数量检验，必须掌握货品的计量方法。货品计量与检验部负责人陈主管安排他们第一天先了解货品计量工作，并告知第二天要检查他们的掌握情况。四位同学学习非常认真，很快就进入了角色。表 3-1 为大顺发物流公司质检货品列表。

表 3-1　大顺发物流公司质检货品列表

| 瓷碗 | 儿童内衣 | 网袋包装蒜头 | 袋装水泥 |

任务一　进行货品计量

续表

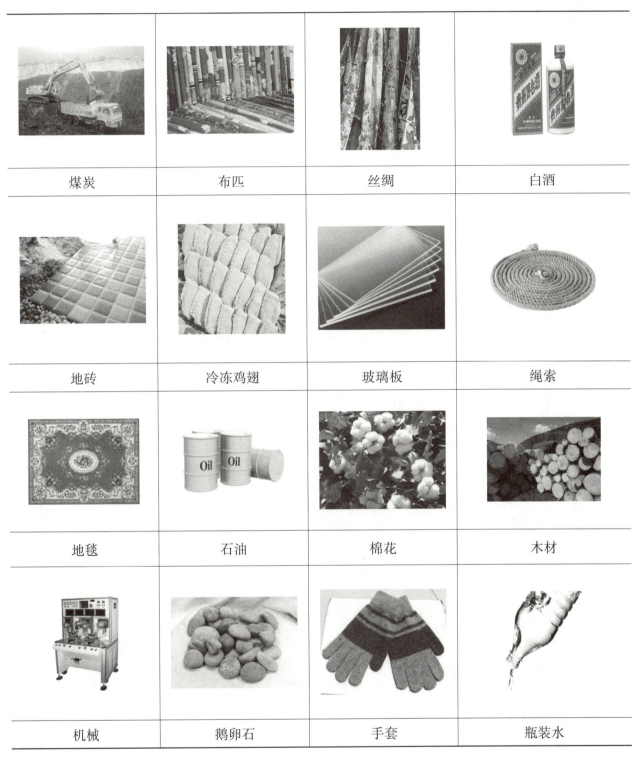

煤炭	布匹	丝绸	白酒
地砖	冷冻鸡翅	玻璃板	绳索
地毯	石油	棉花	木材
机械	鹅卵石	手套	瓶装水

任务目标

1. 了解货品的计量单位。

2. 掌握主要货品重量的计算。

任务准备

一、货品计量单位

贸易中常用的货品计量单位如图 3-1 所示。

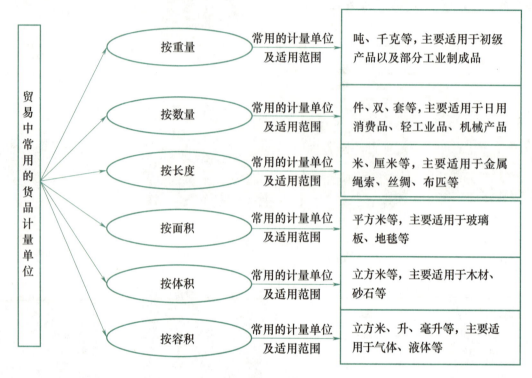

图 3-1　货品计量单位

二、货品的重量计算

合同中计算货品重量的方法如表 3-2 所示。

表 3-2　重量计算方法表

名称	计算方法	适用范围
净重	货品本身的重量。在实践中净重一般通过用毛重扣除皮重的方法取得	在国际贸易中，如果合同没有明确规定用毛重还是净重计量、计价，按惯例应按照净重计算
	实际皮重。将整批货品的包装逐一称重，得出每件包装的重量和总重量	
	平均皮重。从全部货品中取出几件，称其包装的重量，除以抽取的件数，得出平均数，再乘以总件数，算出全部包装重量	

续表

名称	计算方法	适用范围
净重	习惯皮重。按照市场已公认的规格化的包装重量计算，即用标准单件皮重乘以总件数 约定皮重。按照买卖双方事先约定的皮重作为计算的基础	在国际贸易中，如果合同没有明确规定用毛重还是净重计量、计价，按惯例应按照净重计算
毛重	货品本身的重量连同包装的重量。按照毛重计算重量又称为"以毛作净"	一般用于一些货品包装的重量和货品本身的重量难以区分的货品，或是货品包装的重量对货品本身的重量影响不大的货品，如一些价值较低的农副产品和初级产品
公量	用科学的方法去掉货品中的水分后，再加上标准含水量所求得的重量。公量＝净重(1＋标准回潮率)/(1＋实际回潮率)	这种方法适用于经济价值高、而含水量极不稳定的货品，如棉花、羊毛、生丝、羊绒、鸭绒等
理论重量	单件重量乘以件数得出总重量	主要用于某些有固定和统一规格的货品，其形状规则，密度均匀，每件的重量大致相同，如钢板、马口铁等
法定重量	纯货品的重量加上直接接触货品的内包装材料的重量	主要为海关征税时使用
净重重量	法定重量扣除内包装的重量以及其他包含的杂物，如水分等的重量	一般用于重量小却价格高昂的货品，如贵金属、虫草等

任务实施

任务书 1

每组同学扮演小明、春花、大风、秋月四位实习生，完成以下任务：

1. 思考日常经常使用哪些计量单位。

2. 按照步骤指示填写表 3-3。

步骤 1：列出常用的计量单位

货品计量单位有很多，不同的货品，应根据实际计量需要，使用不同类别的计量单位。计量单位按照类别分，有重量单位（如千克）、数量单位（如件）、长度单位（如米）、面积单位（如平方米）、体积单位（如立方米）和容积单位（如升）等。

小提示：注意各类计量单位的适用范围。

步骤 2：选择适合的计量单位类别

表 3-1 是公司主要质检的货品列表，思考这些货品分别适用于哪个类别的计量单位，把货品归类，填写在表 3-3 中。

表 3-3 工作记录表

单位类别	货品
重量	
数量	
长度	
面积	
体积	
容积	

步骤 3：为下列货品选择最合适的计量单位

步骤 1 中列出了各个类别的计量单位，步骤 2 中为各种货品选择了适合的计量单位类别；根据归类的结果，选择最适合的计量单位，填写表 3-4。

表 3-4 货品计量单位

（如：个）	（　　）	（　　）	（　　）
（　　）	（　　）	（　　）	（　　）

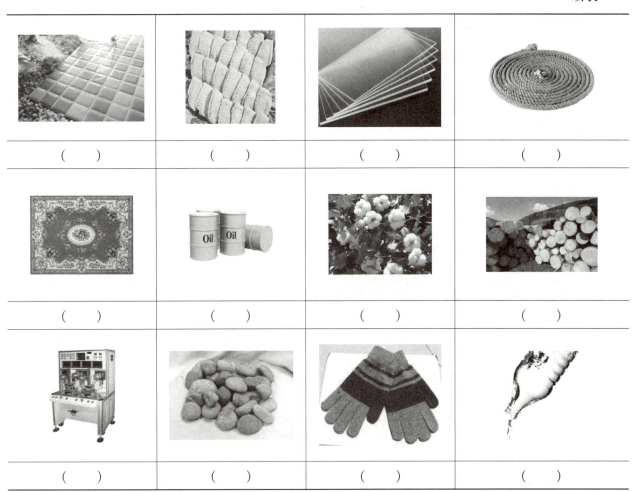

（　　）	（　　）	（　　）	（　　）
（　　）	（　　）	（　　）	（　　）
（　　）	（　　）	（　　）	（　　）

任务评价

任务评价表

被考评组别：　　　被考评组别成员名单：

考评内容：

考评项目	分值	小组自我评价（30%）	其他组别评价（平均）（40%）	教师评价（30%）	合计（100%）
参与讨论的积极性	15				
语言表达	15				
任务完成情况	40				
团队合作精神	15				
沟通能力	15				
合　　计	100				

拓展提升

一、选择题

试题类型	多项选择题	难度	低
1. 合同中计量货品重量的方法有（　　　）。			
选项A	净重		
选项B	毛重		
选项C	公量		
选项D	法定重量		
2. 贸易中主要用于计量气体、液体等的常用单位有（　　　）。			
选项A	立方		
选项B	吨		
选项C	升		
选项D	毫升		

二、填空题

试题类型	填空题	难度	中
1. _____一般用于一些货品包装的重量和货品本身的重量难以区分的货品，或是货品包装的重量对货品本身的重量影响不大的货品，如一些价值较低的农副产品和初级产品。			
2. _____是指货品本身的重量连同包装的重量。			

任务二　进行货品检验

任务描述

　　小明、春花、大风、秋月四位同学了解公司现在主要承运货品的计量方法后，就开始全面地学习货品检验。根据公司的规定，货品的检验有五个步骤，分别是定标、抽样、检验、判定和处理。对于货品的检验，主要是对货品的质量、安全、卫生、重量、数量和包装六个方面进行检验。

大顺发物流公司需质检的货品如表 3-5 所示。

表 3-5　大顺发物流公司需质检的货品

12 瓶水	1 包樱桃
3 个馒头	7 块玻璃板（2 m×1.2 m）
1 桶石油	500 kg 棉花

任务目标

1. 了解货品的检验方法。
2. 掌握主要的货品检验方法。

任务准备

一、货品检验方法

1. 抽样检验法

抽样也称取样、采样、拣样，是指为了检验某批货品质量，从同批同类货品中，用科学的方法抽取具有代表性的一定数量的样品，作为评定该批货品质量的依据。

被公认最科学并在全球广泛采用的是随机抽样法，采用此方法时，被检验的整批货品中的每一件货品都有同等机会被抽取。被抽取机会不受任何主观意志的限制，抽样者按照随机的原则、完全偶然的方法抽取样品，适用于各种货品、各种批量的抽样。随机抽样法的类型有以下五种。

（1）简单随机抽样，又称随机抽样。具体方法有：① 直接抽样法；② 抽签法或抓阄法；③ 随机数表法（可保证随机性）。

（2）等距随机抽样（机械随机抽样）。首先，编制抽样框，将抽样框内各抽样单位按一定标志排列编号；其次，用抽样框内抽样单位总数除以样本数，求出抽样间隔距离；再次，在第一个抽样间隔内随机抽取一个样本；最后，按照抽样间隔距离，等距离抽取样本，直到抽取到最后一个样本为止。

（3）分类随机抽样，又称为类型随机抽样。首先编制抽样框，将若干抽样框内各抽样单位按一定标准分成若干类（或层）；其次，根据各类所包含的抽样单位与抽样单位总数的比例，确定各类抽取样本单位的数量；最后，按照简单随机抽样或等距随机抽样方法从各类中抽取样本。

（4）整群随机抽样，又称集体随机抽样。首先，将抽样框内抽样单位按一定标准分成许多群体，并把每一个群体看作一个抽样单位；然后，按照随机原则从这些群体中抽出若干群体作为样本；最后，对样本群体中的每一个抽样单位逐个进行检验或调查。

（5）多段随机抽样，又称多级随机抽样或分段随机抽样。首先，确定抽样单位；然后，抽取各级样本；最后，对抽出的样本单位逐个进行检验或调查。

2. 感官检验法

感官检验又称感官分析、感官检查或感官评价，是以人体感觉器官作为检验器具并运用人的实践经验，对货品的色、香、味、形、手感、音质、音色等感官质量特性做出判定和评价的检验方法。如图 3-2 所示的货品，一般是用感官检验法进行检验。

瓷碗　　　　　　　儿童内衣　　　　　网袋包装蒜头　　　　　手套

图 3-2　可用感官检验法检验的货品

（1）视觉检验。视觉检验是用视觉器官检查货品的外形、结构、颜色、光泽以及表面状态、疵点等质量特性的检验方法。

（2）听觉检验。听觉检验是音波刺激耳膜引起声感，利用听觉的敏感性和频率辨别能力判断货品的某些感官特征的方法。

（3）味觉检验。味觉检验是利用味觉器官的感觉评价对滋味与口感做出鉴定的方法。

（4）嗅觉检验。嗅觉检验是凭借嗅觉器官（鼻）来鉴定货品气味、评定货品品质的检验方法。

（5）触觉检验。触觉检验是利用物质刺激皮肤表面的感应点和神经末梢所引起感觉进行鉴别的方法。触觉是皮肤受到外界刺激而产生的感觉，如触压觉、触摸觉等。

3. 理化检验法

理化检验法是在实验室的一定环境条件下，利用各种仪器、器具和试剂等手段，运用物理、化学以及生物学的方法来测试货品质量的方法。理化检验的特点是可用数据定量表示测定的结果，比感官检验更加客观和精确。同时对检验设备、仪器和检验人员素质也有较高要求。如图3-3所示的货品，一般都适合采用理化检验法。

| 地砖 | 袋装水泥 | 玻璃板 | 机械 |

图3-3　可用理化检验法检验的货品

（1）物理检验法。物理检验法是运用各种物理仪器、量具对货品的各种物理性能和指标进行测试检验，以确定货品质量的方法。根据测试检验的内容不同，可分为以下几种：一般物理检验法、力学检验法、热学检验法、光学检验法、电学检验法、其他检验法。如使用一般物理检验法检测水果的大小品级，使用力学检验法检测水泥的抗压强度。

（2）化学检验法。化学检验法是运用各种化学试剂和仪器，通过观察、分析化学反应现象来测定货品的化学成分及其含量，进而判定货品品质是否合格的方法。按具体操作方法不同，可分为以下两类：化学分析法和仪器分析法。化学分析法依据其所用测定方法的不同，又分为重量分析法、滴定分析法、气体分析法，通常用于食品的成分变化指标测定和纺织品与工业品的化学稳定性质检验。仪器分析法包括光学分析法和电化学分析法，能比化学分析法更深入、更准确地测定被测物的组成及含量，因此，仪器分析法已在货品检验中发展成为一个极重要的和独立的分支。

4. 生物学检验法

生物学检验法是食品类、动植物及其制品、医药类和日用工业品类货品等质量检验的常用方法之一，它包括微生物学检验法和生理学检验法。如图 3-4 所示的货品，一般都采用生物学检验法。

| 瓶装水 | 石油 | 棉花 | 白酒 |

图 3-4 可用生物学检验法检验的货品

5. 实际试用观察法

在实际使用中，导致货品质量变化的因素很多，货品质量降低往往是在许多因素的同时作用下发生的，而上述理化检验法是在实验室中利用模拟某个破坏因素（如拉伸）或某几个因素作用的仪器来测试的，有其局限性。因此，用实际试用观察法评价货品的使用质量，可以使货品在实际使用条件下，同时受各种破坏因素的作用，从而取得所需的各种质量信息并收集试用者对货品试用过程中的意见。但是，实际试用观察法的缺点是试验过程时间长，花费大，需要建立试用的组织管理并配备专门观测人员，而且检验结果也不够客观。

二、货品检验的内容

1. 货品质量检验

货品质量检验是货品检验的中心内容，通常狭义的货品检验就是指货品质量检验。如图 3-5 所示的货品，主要应进行货品的质量检验。

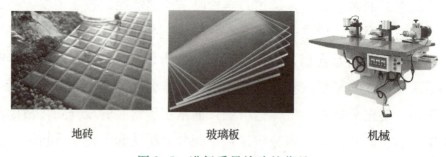

| 地砖 | 玻璃板 | 机械 |

图 3-5 进行质量检验的货品

2. 货品的安全、卫生检验

货品安全检验主要是指电子电器类货品的漏电检验、绝缘性能检验和 X 光线辐射检测等。货品的卫生检验是指对货品如食品添加剂中砷、铅、镉等的有毒有害物质及微生物的检验。如图 3-6 所示的货品，主要应进行安全、卫生的检验。

| 瓶装水 | 冷冻鸡翅 | 白酒 |

图 3-6　进行安全卫生检验的货品

3. 货品重量和数量检验

重量检验就是根据合同规定，采用不同的计量方式，对不同的货品，计量出它们准确的重量。

数量检验是按照发票、装箱单或尺码明细单等的规定，对整批货品进行逐一清点，证明其实际装货的数量。如图 3-7 所示的货品，主要应进行重量和数量的检验。

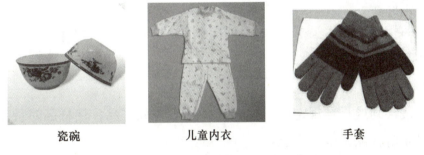

| 瓷碗 | 儿童内衣 | 手套 |

图 3-7　进行重量、数量检验的货品

4. 货品包装检验

货品包装检验是根据贸易合同或契约规定，对货品的包装标志、包装材料、包装种类、包装方法等方面进行检验，同时，查看货品包装是否完好、牢固等。如图 3-8 所示的货品，主要应进行包装检验。

| 袋装水泥 | 石油 |

图 3-8　进行包装检验的货品

任务实施

任务书 2

　　每组同学扮演小明、春花、大风、秋月四位实习生，完成以下任务：

　　1. 思考上述货品可以怎么检验。

　　2. 按照步骤指示填写表 3-6。

步骤 1：定标

检验前根据合同或标准规定，明确技术要求，掌握检验手段和方法以及货品合格判定原则，拟订货品检验计划。

小提示：货品检验方法主要有五种，分别为抽样检验法、感官检验法、理化检验法、生物学检验法和实际试用观察法。

步骤 2：抽样

在定标后，按合同或标准规定的抽样方案，随机抽取样品，使样品对货品总体具有充分的代表性，同时要对样品进行合理保护。

小提示：抽样检验的方法有三种分类方法，分别为按商品质量特性不同分类，按抽样检验程序不同分类，按抽样检验形式分类。

步骤 3：检验

在抽样完成后，对表 3-5 中的货品进行检验，主要是对货品的质量、安全、卫生、重量、数量和包装六方面进行检验。对于表 3-5 中的货品，检验合格的在表 3-6 中打"√"，检验不合格的写明原因。

表 3-6　货品检验情况表

货品	检验内容					
	质量	安全	卫生	重量	数量	包装
12 瓶水						
1 包樱桃						
3 个馒头						

货品	检验内容					
	质量	安全	卫生	重量	数量	包装
7 块玻璃板						
1 桶石油						
500 kg 棉花						

步骤 4：判定

在检验后，通过将检验的结果与合同及标准所规定技术指标进行比照，根据合格判定原则，对被检货品合格与否做出判定，检验合格，在表 3-7 中打"√"。

表 3-7　货品检验结果判定表

货品	各分项检验后判定（是否合格）						总体判定（是否合格）
	质量	安全	卫生	重量	数量	包装	
12 瓶水							
1 包樱桃							
3 个馒头							
7 块玻璃板							
1 桶石油							
500 kg 棉花							

步骤 5：处理

在判定后，针对检验结果做出检验报告，反馈质量信息，对不合格的货品做出处理，并完成表 3-8。

表 3-8　货品检验结果处理表

货品	是否合格	是否入库	销毁	补货	退货	整批检验
12 瓶水						
1 包樱桃						
3 个馒头						
7 块玻璃板						
1 桶石油						
500 kg 棉花						

任务评价

任务评价表

被考评组别：	被考评组别成员名单：			
考评内容：				

考评项目	分值	小组自我评价（30%）	其他组别评价（平均）（40%）	教师评价（30%）	合计（100%）
参与讨论的积极性	15				
语言表达	15				
任务完成情况	40				
团队合作精神	15				
沟通能力	15				
合　　计	100				

拓展提升

一、选择题

试题类型	多项选择题	难度	低

1. 属于随机抽样法的有（　　）。

选项 A	简单随机抽样
选项 B	等距随机抽样
选项 C	分类随机抽样
选项 D	集体随机抽样

2. 属于感官检验的有（　　）。

选项 A	视觉检验
选项 B	听觉检验
选项 C	味觉检验
选项 D	嗅觉检验

二、填空题

试题类型	填空题	难度	低

1. ＿＿＿＿＿＿＿＿是利用物质刺激皮肤表面的感应点和神经末梢所引起感觉进行鉴别的方法。

2. ＿＿＿＿＿＿检验法是在实验室的一定环境条件下，利用各种仪器、器具和试剂等手段，运用物理、化学以及生物学的方法来测试货品质量的方法。

三、综合题

试题类型	综合题	难度	高

1. 请写出以下货品常用的计量单位。

瓷碗＿＿＿＿＿＿＿＿＿　儿童内衣＿＿＿＿＿＿＿＿　网袋包装蒜头＿＿＿＿＿＿＿＿　手套＿＿＿＿＿＿＿＿

地砖＿＿＿＿＿＿＿＿　袋装水泥＿＿＿＿＿＿＿＿　玻璃板＿＿＿＿＿＿＿＿　机械＿＿＿＿＿＿＿＿

2. 请说说以上货品常用的检验方法。

项目四　认识保障货品质量的技术与手段

1. 了解货品包装的技法、材料和类型。

2. 掌握如何对不同产品采用不同的包装。

3. 了解货品运输方式的分类，主要的货品运输方式。

4. 掌握针对不同货品适宜采用的运输方式。

5. 了解货品储存所需基本知识（储存要求、引起货品变质的原因、主要的货品储存方法）。

6. 掌握如何对仓储货品进行养护。

任务一　掌握货品包装

任务描述

小明、春花、大风、秋月四位同学在大顺发物流公司实习已进入第四阶段，这一阶段的任务是在前面学习的基础上，了解保护货品质量的技术和手段，包括包装、运输和储存等知识。今天杨经理要求大家弄清楚不同货品应采用什么材料进行包装，为了方便运输和销售这些货品应该以何种方式包装。经过一整天的观察学习，大家已经认识到良好的包装，不仅可以保护商品、吸引顾客、扩大销路，而且还能宣传和美化商品，便于运输、搬运、装卸、储存，使商品增值。一般在包装过程中可以使用的材料有纸包装材料、木材包装材料、金属包装材料、塑料包装材料、玻璃与陶瓷包装材料、复合包装材料、条编包装材料、纤维包装材料。此时，杨经理给了四位同学一些常见货品（如表 4-1 所示），要求大家选用合适的材料进行包装。

表 4-1 大顺发物流公司部分货品列表

矿泉水	手机	花生	空调
石油	瓷器	衣服	沙发
面粉	牛肉	一次性打火机	蔬菜
泡菜	鲜花	海鱼	计算机

任务目标

1. 了解货品包装的技法、材料和类型。
2. 掌握如何对不同货品采用不同的包装。

任务准备

一、货品运输包装技法

货品包装是指货品流通过程中为保护货品、方便储运、促进销售，按一定技术方法而采用的容器、材料及辅助物等的总体名称；也指为达到上述目的而在采用容器、材料和辅助物过程中施加一定技术方法等的操作活动。简言之，包装是包装物及包装操作的总称。

货品包装技法是指包装货品时所采用的技术与方法，主要有以下两种形式。

1. 针对不同货品形态而采用的包装技法

（1）合理选择外包装形状和尺寸。根据货品的形状（固态、液态、气态）和大小合理选择与货品底部尺寸相当的包装方法，避免出现重心不稳、不容易堆码等现象。

（2）合理选择内包装形状和尺寸。内包装尺寸和外包装尺寸应该契合，因为它是用于销售的包装，所以它应更有利于货品的销售、展示、装卸、携带。

（3）外包装的捆扎技术。一般来讲，合理捆扎之后容器的强度能增强20%~40%，所以在包装中经常使用井字、十字、双十字、平行捆扎等方式对小型货品进行包装。如果是体积较大的货品，则采用集合包装方法，它是利用对薄膜进行加热处理使薄膜拉伸和收缩来达到固定集装货品的目的。

（4）包装内货品的合理放置与加固。由于货品的形态各异，所以要达到节省材料、减少损失的目的，必须对货品进行合理放置、固定和加固。具体做法是：对于形状规则的货品使用套装；货品放置时注意把重的放下面，轻的放上面；货品之间的距离要适当；易碎、易坏的货品需进行加固。

2. 针对货品的不同特性采用的包装技法

（1）普通货品包装技术。它是指填充技术、装箱技术、包裹技术、封口技术和捆扎技术等。主要使用的材料是玻璃、铁盒、木质、纸质、泡沫塑料等。

（2）防震保护包装。它是指防止内装物受到震动和冲击所采取的防护措施，具体有全面防震包装、部分防震包装、悬浮式防震包装三种。主要使用材料有泡沫塑料、弹簧、现场发泡包装等。

（3）防潮包装。它是指使用气密性材料，以隔绝水蒸气对内装货品的影响，使内装货品在规定期限内处于相对临界湿度的环境中不受损害的包装方式。主要使用方法有涂布法、涂油法、涂蜡法、涂塑法等。

（4）防霉包装。它是指为防止内装货品霉变而采用的包装方法。主要方法有密封包装、化学药剂防霉包装、耐霉腐材料包装、真空包装等。主要使用的材料是包装袋、玻璃、聚丙乙烯、聚酯塑料，或使用多菌灵、托布津等防腐剂。

（5）防虫包装。通常在货品包装中放入驱虫剂来达到防虫的目的。主要使用萘、二氯化苯、樟脑精等材料来驱虫，也可以采用真空包装、充气包装、脱氧包装等技术防虫。

（6）防锈包装。主要运用的方法是在货品表面进行氧化处理、磷化处理、涂漆处理，对货品进行真空包装等。使用的材料主要有镀锌、镀锡、镀铬、防锈漆、防锈油、塑料薄膜等。

（7）特种包装。此类包装方式主要目的是隔绝空气对货品的影响，适用于那些对氧气特别敏感的货品。具体包装方式有脱氧包装、拉伸包装、收缩包装、真空包装。使用的材料主要有聚乙烯薄膜、塑料薄膜、塑料袋等。

二、主要包装材料介绍

根据货品的不同特性和外形，要选择合适的包装材料来保护货品不受损害。在选用包装材料的时候要考虑经济性、运输、装卸、搬运、储存等要求。选择合适的包装材料很重要，如图4-1、图4-2所示，常用的包装材料主要有以下几类。

纸包装材料

木箱包装材料

塑料包装材料

金属包装材料

图4-1　不同的包装材料1

纤维袋包装材料

玻璃包装材料

条编包装材料

塑料衬垫材料与纸箱包装的组合

图4-2　不同的包装材料2

1. 纸包装材料

纸包装材料具有取材广泛、造价低廉、容易降解、印刷方便、耐摩擦、耐冲击、容易黏合、绿色环保等功能。常见的纸包装材料有纸袋、纸箱、瓦楞纸箱等。其缺点在于气密性、防潮性、透明性较差。

2. 木材包装材料

几乎所有的木材都可以作为包装材料，它具有抗挤压、抗震、抗冲撞等功能。但是由于现在国家对木材资源的保护，木材作为包装材料的使用前景黯淡。常见的木材包装材料有木箱、桶、托盘等类型。

3. 金属包装材料

金属包装具有外观精美、保质期长、携带方便、防水防潮、防污染等优点。目前大量使用的金属材料是马口铁（镀锡薄钢板）和金属箔两种。主要用于运输的金属容器有罐、箱、桶等类型。

4. 塑料包装材料

塑料包装具有物理机械性好、化学稳定性强、材料质地轻、加工成型容易、适合各种包装新技术、印刷性和装饰性强等优点。因此在现代物流运输和销售中大量使用，主要的包装型材有塑料薄膜、塑料编织袋、硬质塑料桶、塑料瓶、塑料托盘等。但由于塑料大多有毒或有异味、废弃塑料处理不当容易造成污染，要求在使用塑料包装过程中必须合理使用以降低其对环境的污染。

5. 玻璃与陶瓷包装材料

玻璃与陶瓷包装材料的主要优点在于化学稳定性强、无毒无味、安全卫生、密封性好、易于加工成型、制作成本低、回收利用方便。常见的玻璃陶瓷包装材料有玻璃瓶、玻璃罐、陶瓷瓶、陶瓷罐等。此类包装最适合各种液体的包装，但容易碎裂。

6. 复合包装材料

复合包装材料是由两种或两种以上材料经加热或黏合而成。它具有坚韧、密封、轻便、保存性能好、便于携带的优点，所以在各个领域广泛应用。主要的复合包装材料类型有袋、包、盒等，通常用作饮料、果酱、榨菜等液体、糊状物和固体的包装。

7. 条编包装材料

条编包装材料主要以竹条、藤条、荆条、柳条、芦苇、稻草等作为原料，常以篓、篮、包、袋作为包装形态，主要用于水果、蔬菜、薯类、药材等货品的包装和运输。

8. 纤维包装材料

纤维包装材料是指以天然、人造和合成纤维为原料制成的包装。常用的纤维包装有麻袋、布袋、合成纤维编织袋等，主要用于盛装粮食、食糖、面粉、淀粉等颗粒状、粉状货品。合成纤维主要来源于石油和煤炭，所以材料资源非常丰富，是现代理想的包装材料。

三、主要的包装类型

包装主要可以分为以下几种。

1. 包装袋

包装袋如集装袋、普通运输包装袋、小型包装袋等，如图4-3所示。

集装袋　　　　　　　　　小型包装袋　　　　　　　　普通运输包装袋

图4-3　包装袋的主要类型

2. 包装盒

包装盒如圆形包装盒、方形包装盒、尖角形包装盒等，如图4-4所示。

圆形包装盒　　　　　　　　方形包装盒　　　　　　　　尖角形包装盒

图4-4　包装盒的主要类型

3. 包装箱

包装箱如瓦楞纸箱、木箱、塑料箱等，如图4-5所示。

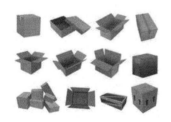  

瓦楞纸箱　　　　　　　　　木箱　　　　　　　　　　塑料箱

图4-5　包装箱的主要类型

4. 包装瓶

包装瓶如塑料瓶、玻璃瓶、金属瓶等，如图 4-6 所示。

塑料瓶　　　　　　　玻璃瓶　　　　　　　金属瓶

图 4-6　包装瓶的主要类型

5. 包装罐

包装罐如易拉罐、集装罐等，如图 4-7 所示。

易拉罐　　　　　　　　　　集装罐

图 4-7　包装罐的主要类型

6. 包装桶

包装桶如木桶、塑料桶、金属桶等，如图 4-8 所示。

木桶　　　　　　　　塑料桶　　　　　　　金属桶

图 4-8　包装桶的主要类型

四、货品运输包装

1. 运输包装的概念和作用

运输包装又称外包装或大包装，是以便利货品运输、储存为主要目的的包装，一般不随货品出售（但大件货品如电冰箱、家具等的运输包装，也多为其销售包装），通常消费者不会看到，因此对包装的外观不讲究，但要求包装上的标志必须清晰。运输包装是内装一定数量销售包装件或散装货品的大型包装，体积大、容量大、荷重大，要求包装结构坚固，外形规则，有便于装卸搬运的部件或装置。

运输包装具有保护货品安全，加速货品点验交接或交换，方便货品装卸、运输、堆码和储存的作用。

2. 货品运输包装应具备的条件

（1）包装材料及技法的适用性。货品必须选用符合其自身特性的包装，才能保护内装货品。适宜的包装是指合适的包装材料或容器，以及适当的包装方法和措施。

（2）包装要牢固耐用。保护货品在运输、装卸和储存中不发生破损是运输包装的首要条件。否则，在长途运输过程中，运输包装坚牢度不够必然导致货品受损。

（3）包装的体积重量要适当。在保证牢固的前提下，包装的重量应尽可能减轻一些；包装的体积要适当，轻泡货品应尽可能压缩体积。

（4）统一规格，实现货品包装的标准化。货品运输包装的规格和容量应结合我国及国际集装器具的规格要求来考虑，才能提高运载装卸效率。除运输包装的规格和容量外，运输包装的材料、容器的结构造型、印刷标志、封装及衬垫、检验方法等也应按照我国及国际相关条款来设计和实施，才能提升货品的国内外运输装卸效率，从而提升我国货品在国际市场的竞争力，这对发展对外贸易具有重要意义。

3. 货品运输包装标志

（1）运输标志。运输标志又称"唛头"或收发货标志，由一个简单的几何图形和一些字母、数字及简单的汉字组成，按照包装容器不同，可采用印刷、刷写、粘贴、拴挂等方式。其作用在于使有关人员在运输过程中易于辨认货品，便于核对单证，避免错发错运。

（2）识别标志。识别标志的种类很多，主要包括贸易标志、商品品名和商标、目的地标志、货号和数量标志、体积与重量标志，以及国名标志。

货品运输包装标志如图4-9所示。

货品客户及收货人信息标记

货品外包装指示标志

货品外包装运输标志、识别标志和指示标志

图4-9 货品运输包装标志

73

（3）指示标志。指示标志又称"操作标志"，是根据货品的某些特性，如忌湿、忌震、忌热、忌冻等，在搬运、装卸操作和保存条件下所提出的要求和注意事项，如"向上""小心轻放"等图形或文字。其目的是明示物流或货品保存中应采用的防护措施。我国包装储运图示标志主要有 17 种，如表 4-2 所示。

表 4-2 《包装储运图示标志》（GB 191—2008）

序号	标志名称	标志图形	含义	序号	标志名称	标志图形	含义
1	禁用手钩		搬运运输包装件时禁用手钩	10	堆码质量极限		该运输包装件所能承受的最大质量极限
2	怕晒		该运输包装件不能直接照晒	11	堆码层数极限		可堆码相同运输包装件的最大层数，n 表示从底层到顶层的总层数
3	怕辐射		该物品一旦受辐射会变质或损坏	12	禁止堆码		该包装件只能单层放置
4	怕雨		该运输包装件怕雨淋	13	易碎物品		运输包装件内装易碎物品，搬运时应小心轻放
5	禁止翻滚		搬运时不能翻滚该运输包装件	14	向上		该运输包装件在运输时应竖直向上
6	此面禁用手推车		搬运货品时此面禁止放在手推车上	15	重心		该运输包装件的重心位置，便于起吊
7	禁用叉车		包装件不能用升降叉车搬运	16	由此吊起		起吊货品时挂绳索的位置
8	由此夹起		搬运货品时可用夹持的面	17	温度极限		运输包装件应该保持的温度范围
9	此处不能卡夹		搬运货品时不能用夹持的面				

而在远洋运输货品标志中还须注意如表 4-3 所示的运输标志的中英文表示方式，以及向上、防湿、小心轻放、由此吊起、由此开启、重心点、防热、防冻等运输标志。

表 4-3　远洋运输标志的中英文表示方式

中文	英文	中文	英文
禁用吊钩	USE NO HOOK	必须平放	KEEP FLAT
不要平放	NOT TO BE LAID FLAT	小心易碎	FRAGILE WITH CARE
切勿倒置	DO NOT TURN OVER	不要抛扔	NOT TO BE THROWN DOWN
小心摔坏	NOT TO BE DROPPED	保持低温	KEEP COOL
必须竖放	STAND ON END, TO BE KEEP UPSIGHT		

（4）警告标志。警告标志又称危险货品运输标志，是指在装有爆炸品、易燃物品、腐蚀物品、氧化剂和放射性物质等危险货品的运输包装上用鲜明清楚的图形或文字表示各种危险品的标志。为了能引起人们的警惕，此类标志采用特殊的色彩和菱形图示。我国危险货品包装标志可参见项目六任务一的任务准备。

任务实施

任务书 1

每组同学扮演小明、春花、大风、秋月四位实习生，完成以下任务：

1. 思考表 4-1 中所列货品可以使用哪些材料进行包装？
2. 按照步骤指示填写表 4-4。

步骤 1：看图与填表，检查和辨析货品的包装是否恰当

不同类型的货品可以采用不同的包装形式和包装材料。仔细观察表 4-4 中的四样货品，思考并判断四样货品所使用的包装形式是否正确。然后阅读前文的任务准备，检查自己的判断是否正确，如有错误，请用水笔或签字笔写出正确的包装形式和你认为应该使用的包装材料。

表4-4　判断包装形式是否正确并改正

包装形式：盒装  火腿肠 包装材料：包装纸 判断：_____ 应使用的包装材料及形式：_____	包装形式：袋装 饼干 包装材料：塑料 判断：_____ 应使用的包装材料及形式：_____
包装形式：桶装  干木耳 包装材料：木材 判断：_____ 应使用的包装材料及形式：_____	包装形式：盒装  瓷碗 包装材料：塑料泡沫 判断：_____ 应使用的包装材料及形式：_____

步骤2：货品包装材料归类

在步骤1的基础上，把表4-1里的货品按照包装材料使用的要求填入表4-5，并且指出可以使用的包装类型。

表4-5　工作记录表

货品包装材料	包装类型	货品
纸包装材料		
木材包装材料		
金属包装材料		
塑料包装材料		
玻璃与陶瓷包装材料		
复合包装材料		
条编包装材料		
纤维包装材料		

任务评价

任务评价表

被考评组别：	被考评组别成员名单：				
考评内容：					

考评项目	分值	小组自我评价（30%）	其他组别评价（平均）（40%）	教师评价（30%）	合计（100%）
参与讨论的积极性	15				
语言表达	15				
任务完成情况	40				
团队合作精神	15				
沟通能力	15				
合　计	100				

拓展提升

一、选择题

试题类型	多项选择题	难度	低

1. 货品包装技法包含的形式有（　　　）。

选项 A	针对不同货品形态而采用的包装技法
选项 B	针对不同运输工具而采用的包装技法
选项 C	针对货品的不同特性而采用的包装技法
选项 D	针对客户的不同要求而采用的包装技法

2. 货品运输包装应具备的条件有（　　　）。

选项 A	包装材料及技法的适用性
选项 B	包装要牢固耐用
选项 C	包装的体积重量要适当
选项 D	统一规格，实现货品包装的标准化

二、填空题

试题类型	填空题	难度	中

1. 运输包装具有＿＿＿＿＿＿＿＿＿＿，加速货品点验交接或交换，方便货品＿＿＿＿、＿＿＿＿、堆码和储存的作用。

2. 货品运输包装的标志有＿＿＿＿＿＿、＿＿＿＿＿＿和＿＿＿＿＿＿。

任务二　了解货品运输

任务描述

今天小明、春花、大风、秋月四位同学进入在大顺发物流公司实习第四阶段第二部分——了解货品的运输方式。今天杨经理向大家介绍了不同的运输方式对不同的货品在运输过程中会产生的不同质量影响，并且不同的企业对货品运输经济性、残次品率等都有具体的要求。之后给大家下达的任务是弄清不同的货品应采用什么运输方式。在营运部张部长的带领下，四位同学参观了营运部调度室、运输管理中心等营运部门，并且四位同学分别跟随一名营运部工作人员学习了一天。在这一阶段他们了解到"运输在整个物流中起到加快商品流通、促进经济发展，增强企业竞争力、提高服务水平，缩短距离、保值、节约运费等作用。而具体的运输方式主要有水运、公路运输、铁路运输、航空运输和管道运输五种。合理地选择运输方式与组合不同的运输方式能更好地节约成本，实现货品的空间价值和时间价值"。晚上的时候，杨经理拿出了一份公司货品运输单（见表4-6），要求大家选择正确的运输方式，将货品运往目的地。

表4-6　大顺发物流公司营运部门部分运输货品列表

500 t 煤炭（山西—广州）	400 部手机（香港—浙江）	20 000 t 玉米（辽宁—肇庆）

续表

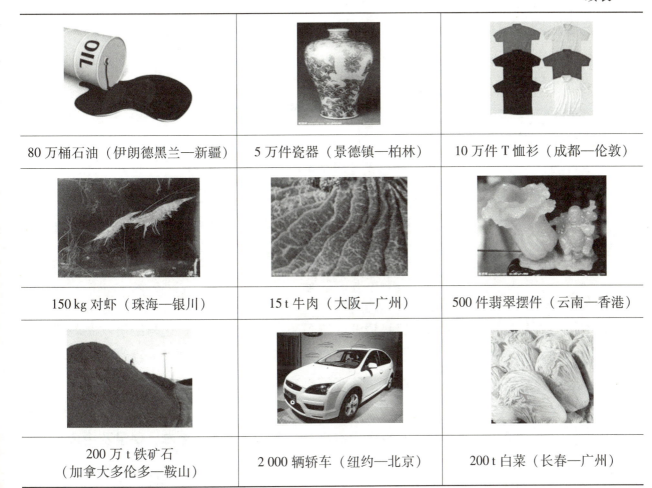

80 万桶石油（伊朗德黑兰—新疆）	5 万件瓷器（景德镇—柏林）	10 万件 T 恤衫（成都—伦敦）
150 kg 对虾（珠海—银川）	15 t 牛肉（大阪—广州）	500 件翡翠摆件（云南—香港）
200 万 t 铁矿石 （加拿大多伦多—鞍山）	2 000 辆轿车（纽约—北京）	200 t 白菜（长春—广州）

任务目标

1. 了解货品运输方式的分类，主要的货品运输方式。
2. 掌握针对不同货品适宜采用的运输方式。

任务准备

一、货品运输方式的分类

运输通常是指人和物的载运及输送，而货品运输则专指"物"的载运及输送，是指在不同地域范围间（如两个城市、两个工厂之间），以改变"物"的空间位置为目的的活动，对"物"进行空间位移的过程。

要把货品从企业送到消费者手中，中间需要经过许多运输环节。货品运输既是商品流通中不可缺少的重要环节和手段，又是一种生产性的劳动，同时也是商品生产在流通领域内的延续。货品运输方式的分类如下。

1. 按运输设备及运输工具的不同分类

按运输设备及运输工具的不同，货品运输方式主要可分为公路运输、铁路运输、水路运输、航空运输、管道运输五种。

2. 按运输线路的不同分类

按运输线路的不同，货品运输方式可分为干线运输、支线运输、二次运输、厂内运输。

3. 按运输的作用不同分类

按运输的作用不同，货品运输方式可分为集货运输和配送运输。

4. 按运输的协作程度不同分类

按运输协作程度的不同，货品运输方式可分为一般运输、联合运输、国际多式联运。

二、货品运输的方式

1. 铁路运输

我国是一个资源丰富的大国，但是资源区域不平衡现象很突出，这与经济发展地域不平衡叠加在一起，导致了部分经济发达区域对于经济发展资源的巨大需求，铁路运输这种适宜远距离的大宗客货运输方式无论现在还是将来都将在我国经济建设中发挥巨大作用。

铁路运输工具主要有蒸汽机车、内燃机车、电力机车。现在我国大多数的铁路运输工具已使用电力运输。用于铁路运输的车辆主要有平车、罐车、棚车、敞车、保温及冷藏车、漏斗车、特种车等，如图4-10所示。

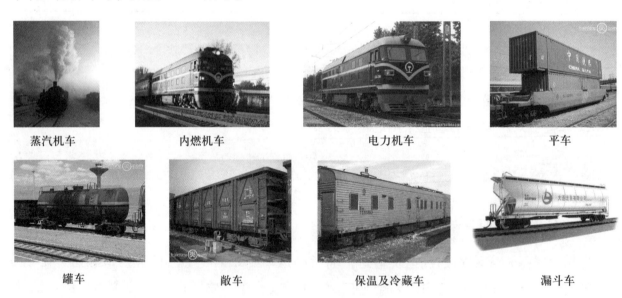

蒸汽机车　　内燃机车　　电力机车　　平车

罐车　　敞车　　保温及冷藏车　　漏斗车

图4-10 铁路运输工具

铁路线路是由路基、桥隧建筑物（桥梁、涵洞、隧道等）和轨道（主要包括钢轨、联结零件、轨枕、道床、道岔等）组成的一个整体工程结构。

由于铁路运输具有准确性和连续性强、速度比较快、运输量比较大、成本较低、安全可靠、风险远比海上运输小等特点，所以世界各国都将铁路运输作为本国主要运输方式并加大在此方面的投入。但是铁路运输初期投资大这一劣势使得它的发展往往受限于一国经济的发展。

2. 公路运输

通常意义上的公路运输就是指汽车运输，但是公路运输的含义不仅止于此，它还包括利用人力车、畜力车、拖拉机等载运工具沿公路、土路、有路面铺装的道路、高速公路等实现旅客或货品空间位移的过程。

公路运输工具主要有普通货车、厢式货车、专用车辆、自卸车、牵引车和挂车牵引车等，如图 4-11 所示。

厢式货车　　　　　　牵引车　　　　　　挂车牵引车　　　　　　自卸车

图 4-11　几种常见的公路运输工具

公路不仅要承受汽车荷载的重复作用，而且要经受各种自然因素的长期影响。因此，对于公路，不仅要求有和缓的纵坡、平顺的线形，而且要求有牢固可靠的人工构造物、稳定坚实的路基、平整而光滑的路面，以及其他必要的防护工程和附属设备。我国公路常用的路面主要有碎石路面、级配砾石路面、加固土路面、沥青表面处理路面、沥青灌入式路面、沥青碎石路面、沥青混凝土路面、水泥混凝土路面等。

公路运输的优点在于机动灵活、简捷方便、应急性强；适用于点多、面广、零星、季节性强的货品运输；运距短、单程货多；投资少、收效快；港口集散可争分夺秒，突击抢运迅捷；是空运班机、船舶、铁路衔接运输不可缺少的运输形式。随着公路现代化、车辆大型化的发展，公路运输是实现集装箱在一定距离内"门到门"运输的最好方式。汽车运输的缺点是载重量小，车辆运输时振动较大，易造成货损事故，费用和成本也比水路运输和铁路运输高。

3. 水路运输

水路运输是指用船舶通过江、河、湖、海运输运送客、货的一种运输方式。它主要承担大数量、长距离的运输，同时，在内河及沿海，水运也常作为小型运输方式使用，担任补充及衔接大批量干线运输的任务。

水路运输的工具主要有集装箱船、滚装船、散装船、冷藏船、液化气船、油船、载驳船等，如图 4-12 所示。

集装箱船

滚装船

冷藏船

液化气船

油船

载驳船

图 4-12　主要的水路运输工具

　　水路运输路线一般是指在两个或多个港口之间从事客货运输的路线，它由航道、航标和灯塔构成。航道是以水上运输为目的所规定或设置的船舶航行通道。航道的航运条件由其深度、宽度、曲度、流速、流向和流态六个因素组成。在河流、湖泊、运河、水库等水域中使用航标作为导航设施，能准确标示航道的方向、界线、航道附近的水下障碍物和建筑物，显示航道的最小深度及供船舶测定方位之用。灯塔是航标中功能最为丰富的一种，一般有人看守，主要用于海上航运，供船舶测定方位及向船舶提供即时航运环境信息。

　　水路运输具有运输量大、通过能力大、通达性好、运费低廉、对货品的适应性强等优点。其缺点是运输的速度比较慢，风险较大。

　　4. 航空运输

　　航空运输是使用飞机或其他航空器进行运输的一种形式。航空运输的单位成本很高，因此主要适合运载的货品有两类，一类是价值高、运费承担能力强的货品，如贵重设备的零部件、高档产品等；另一类是紧急需要的物资，如救灾抢险物资等。

　　用于物流领域的航空运输设备主要有货机和客货机两类。客货机以运送旅客为主、运送货品为辅。货机专门用于运送各类货品，目前世界上最大的货机可载货 1 000 t。世界上主要的飞机机型有波音系列（B-）、麦道系列（MD-）、空中客车系列（A-）等。除这些主要机型外，我国商用飞机有限责任公司还有 C919、ARJ21 等机型，如图 4-13 所示。

　　航空运输的空运航线是地球表面的两个点之间的连线相对应的空中航行线路，是对飞机飞行规定的线路，也称航空交通线。它规定了飞机飞行的具体方向、起点与经停地点及所使用的航路。航路是一条特别规划的飞行通道，即以空中走廊形式划定的飞行管制区，它有一定的宽度（一般为 15 km）和飞行高度层，其中设有无线电导航设备。每架飞机都是在自己专用的空中走廊飞行，与其他飞机保持一定的空间距离。我国空运航线有固定航线和非固定航线两类。

波音系列

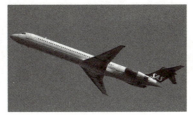
麦道系列

空中客车系列

图4-13 空运主要机型

航空运输具有运送速度快、安全准确、手续简便；节省包装、保险、利息和储存费用等优点。它的缺点在于航空运输的运量小、运价较高。使用航空运输的货品一般利润都比较高，所以完全可以弥补运价高这一不足。

5. 管道运输

管道运输是一种新型的现代化运输方式。它是由地下管线和地面的有关设备构成管道网络运输货品的运输形式。

按输送的货品形态分类，管道运输可分为气体输送管道，如煤气输送管道；液体输送管道，如自来水、石油输送管道；固体输送管道，如煤炭、砂石等输送管道，如图4-14所示。

煤气输送管道

煤炭、砂石输送管道

图4-14 管道运输主要工具

管道运输路线主要运用长距离输送管道，它由干管，沿线阀室，通过河流、铁路、公路、峡谷等的穿越结构物，管道防腐用的阴极保护设施等组成。按所输送的物品形态不同，管道可分为油品管道、气体管道和固体料浆管道三类。我国目前的管道主要是油品管道和气体管道。

管道运输主要的优点在于运量大、占地面积小、不受地形限制、基本不受气候影响、可以长期稳定运行、设备运行比较简单、易于就地自动化和进行集中遥控、管道运输用人力较少、运输成本较低、污染少、有利于环境保护。但它只适用于运输流体的特性限制了它的大规模使用。

任务实施

任务书 2

每组同学扮演小明、春花、大风、秋月四位实习生，完成以下任务：

1. 思考表 4-6 中所列货品可以采用哪些货品运输方式？

2. 按照步骤指示填写表 4-7。

步骤 1：连连看——了解货品运输的优缺点

货品运输按照运输设备及运输工具的不同，主要可分成公路运输、铁路运输、水路运输、航空运输、管道运输五种。先阅读并思考如图 4-15 所示的几种运输方式的优缺点，用铅笔进行连线；然后阅读前文的任务准备，检查自己的铅笔连线是否正确，如有错误，请用水笔或签字笔更正。

步骤 2：货品运输方式组合与选择

在了解各种货品运输方式优缺点的情况下，把表 4-6 中的货品按照货品运输的要求填入表 4-7，并且指出可以采用的货品运输方式有几种。

表 4-7　工作记录表

货品	货品运输方式选择	是否需要组合运输	共有几种运输方式
500 t 煤炭（山西—广州）			
400 部手机（香港—浙江）			
20 000 t 玉米（辽宁—肇庆）			
80 万桶石油（伊朗德黑兰—新疆）			
5 万件瓷器（景德镇—柏林）			
10 万件 T 恤衫（成都—伦敦）			
150 kg 对虾（珠海—银川）			
15 t 牛肉（大阪—广州）			
500 件翡翠摆件（云南—香港）			
200 万 t 铁矿石（加拿大多伦多—鞍山）			
2 000 辆轿车（纽约—北京）			
200 t 白菜（长春—广州）			

| 公路运输 |

优点	缺点
运量大，速度快，运费低，受自然影响小，连续性好	基础设施造价高，消费金属材料多，占地面积大，短途运输成本高，灵活性差

| 航空运输 |

优点	缺点
发展快，应用广，机动灵活，周转速度快，装卸方便，对各种自然条件适应性强	运量小，耗能多，成本高，运费较贵

| 管道运输 |

优点	缺点
运量大，投资少，成本低	速度慢，灵活性和连续性差，受航道水文状况和气象等自然条件影响大

| 铁路运输 |

优点	缺点
速度快，运输效率高，是最快捷的现代运输方式	运量小，能耗大，运费高，且设备投资大，技术要求严格

| 水路运输 |

优点	缺点
运量大，损耗小，安全性能高，连续性强，管理方便	需铺设专门管道，设备投资大，灵活性差

图 4-15　运输方式与其优缺点连线

任务评价

任务评价表

被考评组别：	被考评组别成员名单：			
考评内容：				
考评项目	分值	小组自我评价（30%）	其他组别评价（平均）（40%）	教师评价（30%）	合计（100%）
参与讨论的积极性	15				
语言表达	15				
任务完成情况	40				
团队合作精神	15				
沟通能力	15				
合　计	100				

拓展提升

1. 五种运输方式优劣比较（填写表4-8）。

表4-8 五种交通运输方式优缺点比较

比较项目	铁路	公路	水路	航空	管道运输
运量（多少）					
速度（快慢）					
运价（低高）					
连续性（好差）					
灵活性（好差）					
稳定性（好差）					

注：用数字1~5表示从好到差的程度。

2. 选择运输方式

下面几种货品从起点运到终点，选择哪种运输方式合适，请在表4-9中相应的空格内打"√"。

表4-9 选择运输方式

货品种类	起始点	铁路	公路	水路	航空
计算机芯片	旧金山—北京				
10 t 海鲜	北京—天津				
2 000 t 煤炭	徐州—南京				
10 t 大米	武汉—上海				
50 万 t 煤炭	秦皇岛—常熟				

3. 选择货品运输方式与包装等

结合任务一、二所学到的知识，在上述五种货品中挑选两种，然后填写表4-10。

表4-10 货品运输方式与包装等

货品种类	货品1	货品2
起始点		
运输方式		
包装技法		
包装类型		
运输包装标志		

任务三　认识货品储存与保管

任务描述

　　今天小明、春花、大风、秋月四位同学进入在大顺发物流公司实习第四阶段第三部分——了解货品的储存与保管。在仓储部刘部长的带领下，四位同学对照仓库货品储存示意图对大顺发物流公司库存货品进行了逐一核查，学习货品储存和养护相关知识。晚上，负责人杨经理拿出一份公司货品储存单（见表4-11），要求大家对储存单上的货品使用正确的方法进行养护，并提醒"合理和正确的货品储存与保管不仅能实现货品的时间和空间价值，进而消除货品价格波动产生的影响，同时可以很好地保护货品，减少货损"。

表4-11　大顺发物流公司仓储部部分存储货品列表

棉花	笔记本	水果
煤气罐	干海鱼	服装
罐头	牛奶	轴承

任务目标

1. 了解货品储存所需基本知识（储存要求、引起货品变质的原因、主要的货品储存方法）。

2. 掌握如何对仓储货品进行养护。

任务准备

一、货品储存的基本工作

货品储存是指货品在流通领域中暂时性地存放，起着保证市场供给、满足消费需求的重要作用。存储过程中货品在外界因素的影响下，会产生各种各样的变化，可能会使货品的数量和质量受到损失。因此，针对各种货品的不同特性，采取相应的储存方法和技术来减少货品的损耗，以保证货品质量，是至关重要的。为了做好货品的储存与保管，应做好以下几方面的基本工作。

1. 合理安排储存场所

由于各种货品的性质、规格尺寸、包装等情况各不相同，所对应的储存要求也不同，在安排储存场所和具体货位时就必须结合各种货品的具体情况和储存场地的具体约束条件来整体考虑。其中，性质相互抵触或易串味、易吸味的货品绝不能储存在同一库房内，特别是化工危险品必须严格按照相关规定，分区分类，合理安排。

2. 妥善进行堆码苫垫

货品堆码（即码垛）是根据货品的外包装形状、重量、数量和自身性质，结合储存场地的地坪负荷、储存时间、季节气候等因素，将货品按一定规律堆码成各种垛形。货品堆码要做到垛形合理、稳固、定量、整齐、经济、方便，使货品不变形、不变质，保证货品安全，同时还要便于检查、收发货、日常维护和保养，并有利于提高库房的仓容利用率。

"苫"是指在货品的堆垛上加上遮盖物，以遮风挡雨避雪；"垫"是指在货品的垛底下加上衬垫物，如纸张、木头等，以减少地面潮气对货品的侵蚀，并有助于垛底通风。货品的上苫下垫是防止货品受潮、受损的必要措施，尤其是露天存放的货品。

3. 保持仓库整齐清洁

在货品储存期间，必须对仓库内外环境经常清扫，对易遭受虫蛀、鼠咬的货品，应依据货品的性质、虫鼠类和微生物的习性及危害程度，有针对性地采取有效的防治措施。同时，库房管理应遵循"5S"规范，定期整理堆码货品，包装标志一致朝外。

4. 严格执行货品的盘点和检查作业

在货品储存期间，必须严格进行货品的定期盘点和经常性检查工作，及时掌握在库货品的变化情况，了解货品质量变化和数量差异的原因。如果不定期盘点，将无法及时发现在库货品的数量变化和质量变化，难以及时采取有效补救措施，就很可能造成损失，甚至使损失扩大。

5. 加强货品的日常维护保养工作

货品的维护保养工作，具体包括仓库的温湿度管理、防锈、防腐、防霉、防老化等工作。由于货品的日常维护保养工作的技术性较强，工作人员除了要掌握储存货品的性质特点和货品变化规律以外，还要了解和掌握各种有害因素对货品的影响程度。库房日常维护保养工作的好坏与否，将严重影响货品的储存质量。

6. 做好季节性预防工作

不同地区在不同季节变换时都会有不同的季节性灾害发生，如台风、暴雨、山洪、河水泛滥、蝗虫灾害等，均可能造成货品的巨大损失。因此，必须借鉴以往的经验，根据季节的变化和天气预报，提前做好相应的预防措施。如预计将有洪水到来，就提前做好排水沟疏通、门槛升高、垛底垫高、抽水机备战等准备，以尽可能减少货品的损失。

二、库房的定期检查与清洁卫生

货品储存保管的要求主要包括四个方面：定置管理、科学堆码、适时养护、账物相符，因此必须做好库房的定期检查与清洁卫生工作。

1. 库存定期检查的主要内容

（1）查质量。检查货品质量变化情况，如有无受潮、发霉、虫蛀、鼠咬、变形、损坏、锈蚀、氧化、老化等，必要时可以取样检验。

（2）查数量。检查货品的数量是否准确，物、证、账、卡是否相符，账表、垛卡的记载是否清晰、明确、及时，货品有无缺失，若有则必须进一步检查有无丢失、被盗的情况。

（3）查保管条件。检查库内外是否整洁卫生；温湿度记载、分析与通风密闭时机的掌握及其效果是否符合保管要求；货品堆垛是否稳固，有无倾斜，地坪有无下沉或裂缝；库房屋顶、棚顶、墙角等有无渗漏；门窗、风洞是否严密、完好，启闭是否灵活；苫盖物是否严密，有无损坏。

（4）查安全。检查库房的各种安全措施和消防设备是否安全、牢固、可靠，如出入门禁与监控设备、照明电器、避雷设施、消防栓等。

（5）检查各项规章制度的执行情况、对存在问题的处理情况及改进措施。检查时要认真细致，做好记录，发现问题要及时采取有力措施。

2. 库房检查中发现问题的处理

做好在库货品的检查工作，检查中如果发现问题应采用的处理方法如下。

（1）货品有变质迹象或已发生质变的，应按照货品维护保养的方法处理，并查明原因，采取保护措施。

（2）有些货品超过保管期，或有质量问题不能继续保管的，应列表报告货品主管部门或客户及时处理，以免造成损失。关于质量情况的报告表，一般每半年上报一次。如有重大质量问题，则可专项上报。

3. 库房的清洁卫生

（1）库内要勤清扫，定期搞卫生，保持货品表面无积尘、杂物，库内及库房周围无垃圾、无杂草，以防昆虫鼠蚁滋生。

（2）库房内及四周的水沟要保持通畅，无积水、无堵塞，库房附近无高大树木、露天水池，以减少空气湿度。

（3）库房内无虫、无鼠、无白蚁，以防止货品遭受虫蛀、鼠咬。

（4）适时倒垛、并垛，既利于货品质量检查和维护，也利于提高库房仓容利用率和经济效益。

三、特种货品、易爆货品及其他危险货品的保管

1. 特种货品的保管

（1）易潮货品的保管方法：① 通风降潮。② 密封防潮。③ 通电驱潮。

（2）易燃液体的保管方法：① 在入库时必须严格检查包装是否漏损，在储存期内也应定期检查，发现问题，及时解决。同时，库房必须通风，作业人员应穿戴相应的防护用品，以免发生中毒事件。② 易燃液体受热后蒸发出的气体，会增大压力使容器膨胀，严重时可使容器破裂发生爆炸事故，所以容器不可装得过满。同时库房内和库区周围应严禁烟火，加强通风。

2. 易爆货品的保管

（1）装卸和搬运易爆货品时，要轻拿轻放，严禁碰撞、拖拉与滚动。作业人员严禁穿有铁钉的鞋，工作服严防产生静电。

（2）储存易爆货品的仓库必须远离居民区，还应与周围建筑、交通干道、输电线路保持一定安全距离，库房一定要远离火源，必须保持通风干燥，同时还应安装避雷设备，保持适宜的温湿度。

（3）盛放或携带零星易爆货品时，不能用金属容器，要用木、竹、藤制的筐或箱，以免因摩擦而发生爆炸事故。

（4）易爆货品必须单独隔离，限量储存。

（5）仓库内的电器设备应符合安全要求，定期检修，下班断电。

3. 其他危险品的保管

（1）储存危险品的库房不得有地下室或其他地下建筑，并应具有一定的耐火等级、层数、占地面积、安全疏散条件和防火间距。

（2）压缩气体和液化气体必须专库专用；盛装液化气体的容器属压力容器的，必须有压力表、安全阀、紧急切断装置，并定期检查，不得超装。

（3）对易燃固体、易自燃物品和遇湿易燃物品，应注意库房温度的控制，装卸搬运时应轻拿轻放，严禁与氧化剂、氧化性酸类混放。

（4）有毒物品应储存在阴凉、通风、干燥的场所，不能露天存放，不能接近酸类物质。库内温度应在32℃以下，相对湿度在80%以下。操作时严禁与皮肤接触，要注意防护。

（5）氧化剂和有机过氧化物应储存在阴凉、通风、干燥的库房内，防止日晒，搬运时严禁摩擦、拖拉。

（6）腐蚀品应根据其性质的不同，进行分类存放，存放酸、碱的库房地面要用砂土、炉灰夯实；盛装酸类的容器不得与盛装其他物品的容器混放。

任务实施

任务书 3

每组同学扮演小明、春花、大风、秋月四位实习生，完成以下任务：

1. 思考表4-11所列货品应采用什么方法进行养护。
2. 按照步骤指示选择正确的库存货品养护方式。

步骤1：选择正确的库存货品养护方式

根据可能引起货品质量变化的因素分类，货品养护方式可以分为温湿度控制、金属制品的养护处理、病虫害防治和霉变的防治四大类。请思考表4-11中的货品应选择哪一类养护方式？

步骤2：货品养护方式的选择

在选择正确的库存货品养护方式的基础上，请为表4-11中的货品按照任务准备中的相关知识选择正确的养护方法，填入表4-12中。

表 4-12　工作记录表

货品	可能出现的质量变化	选择何种养护方式	选择的理由

任务评价

任务评价表

被考评组别：	被考评组别成员名单：		

考评内容：

考评项目	分值	小组自我评价（30%）	其他组别评价（平均）（40%）	教师评价（30%）	合计（100%）
参与讨论的积极性	15				
语言表达	15				
任务完成情况	40				
团队合作精神	15				
沟通能力	15				
合　计	100				

拓展提升

一、选择题

试题类型	多项选择题	难度	低
1. 库存定期检查的主要内容有（　　　）。			
选项 A	查质量		
选项 B	查数量		
选项 C	查保管条件		
选项 D	查安全		
2. 易潮货品的保管方法有（　　　）。			
选项 A	通风降潮		
选项 B	包装防潮		
选项 C	密封防潮		
选项 D	通电驱潮		

二、填空题

试题类型	填空题	难度	中
1. 货品储存保管的要求主要包括四个方面：定置管理＿＿＿＿＿＿、＿＿＿＿＿＿和＿＿＿＿＿＿。			
2. 库内要勤清扫，定期搞卫生，保持货品表面无＿＿＿＿、＿＿＿＿，库内及库房周围无垃圾、无杂草，以防昆虫鼠蚁滋生。			

项目五　了解常见的普通货品

任务一　了解清洁普通货品

任务描述

经过前面四个项目的学习，小明、春花、大风、秋月已基本掌握货品性质、储存、运输和检查检验等相关知识。今天，大顺发物流公司负责人杨经理要求他们在一周内深入具体地了解公司主要经营的普通货品情况，并告诉他们："物流运作中常见的普通货品可以分为清洁普通货品、液体普通货品和粗劣普通货品三大类。清洁普通货品指本身不具备特殊性质、在储运过程中没有规定特别条件的、洁净的、干燥的货品，通常有食品、纤维织品、洗涤用品、塑料制品、陶瓷器皿、玻璃制品等。在具体的操作中必须谨慎考虑不同货品的具体性质、客户的具体储运要求以及当时的环境因素等制约条件，以更好地保证货品质量和货品储运安全。"于是小明等四位同学就抱着深入了解的态度去认识和了解常见普通货品。

任务目标

1. 知道清洁普通货品的种类和基本性质。
2. 能初步根据不同的清洁普通货品的基本性质选择适当的包装、运输和储存方式。

任务准备

一、茶叶

茶叶是世界三大饮料（茶叶、咖啡、可可）之一，色、香、味俱全，且能提神解乏、强心降压、杀菌消炎、促进消化、解脂除腻、利尿排毒，有利于人体的健康，受到世界各国人民的喜爱。

1. 茶叶的种类与质量特征

（1）红茶类。红茶是茶树芽叶经过加工制成的发酵茶类。其特征是在初制中茶多酚发生了较深刻的氧化（即发酵），因而红茶颜色乌黑或红褐，汤色及叶底红亮，并有红茶特有的香气和滋味。我国生产的商品红茶主要有功夫红茶、红碎茶、小种红茶等品种。

（2）绿茶类。绿茶是茶树芽叶经过加工制成的不发酵茶，也是我国产量最高的一种茶叶。其特征是初制时采用高温杀青，制止酶对茶多酚的氧化，所以，成品绿茶外形灰绿、乌绿或青翠碧绿，汤色及叶底均呈绿色。品质优良的绿茶，香气馥郁、清新爽快，具有嫩香或青草香，汤色明亮清澈，滋味醇和甘浓，富有收敛性，叶底细嫩、厚实而匀整，具有鲜明的橄榄色。绿茶按初制干燥方法不同，分为炒青绿茶、烘青绿茶和晒青绿茶三类。

（3）乌龙茶。乌龙茶（别名青茶）是半发酵茶类。这是我国的特产，主要产于福建、广东、台湾。乌龙茶的制法兼有红绿茶制法的优点，制茶时先采用红茶的方法发酵，然后用绿茶的方法杀青，故乌龙茶的外形和内质介于红茶和绿茶之间。成品茶的特点是茶条较为粗壮、稍松散，色泽褐黑，不如红茶油润，香气滋味兼有绿茶的鲜浓和红茶的甘醇，茶汤棕红明净，叶底中间碧绿，四周朱红色，故称为"绿叶红镶边"。其主要品种有武夷岩茶、安溪铁观音、凤凰水仙、台湾乌龙等，其中，安溪铁观音茶树制成的青茶质量最佳。

红茶、绿茶、乌龙茶如图 5-1 所示。

红茶　　　　　　　　　绿茶　　　　　　　　　乌龙茶

图 5-1　红茶、绿茶、乌龙茶

（4）花茶类。花茶是我国的特产。它是在成品茶的基础上经过窨花而制成，茶叶经窨花后，不仅香气增加，而且有助消化，因此在国内销量很大。花茶的种类都以用于窨制的鲜花为名，主要有茉莉花茶、玉兰花茶、珠兰花茶、玳玳花茶、柚子花茶、桂花茶、玫瑰花茶等。也有把鲜花和茶名合在一起而命名的，如茉莉毛峰、珠兰大方等。花茶的质量主要取决于茶坯的质量、鲜花的种类以及窨花技术。高级花茶均要求香气鲜灵、浓郁清高，滋味浓厚鲜爽，汤色清澈、淡黄、明亮，叶底细嫩、匀净、明亮。

（5）紧压茶。紧压茶又称黑茶、边销茶，是以黑毛茶、老青茶和做庄茶等适合制毛茶为原料，经过渥堆、蒸茶、装模或装篓压制成型的再制茶。紧压茶产于湖南、湖北、四川、云南等省，主要供应西藏、内蒙古、新疆等少数民族地区，也有部分外销。

花茶和黑茶如图5-2所示。

花茶　　　　　　　　　　　　　黑茶

图5-2　花茶和黑茶

（6）白茶与黄茶。白茶是我国的特产，主要产于福建。这种茶采摘时主要选取细嫩、叶背多白茸毛的芽叶，加工时不炒不揉，晒干或用火烘干，使白茸毛能在茶的外表完整地保留下来，故称白茶。白茶的品质特点是：毫色银白，有"绿装素裹"之美感，芽头肥壮，汤色黄亮，滋味鲜醇，叶底嫩匀。主要品种有根针、白牡丹、贡眉、寿眉。

黄茶的黄色是制茶过程中进行闷堆渥黄的结果。黄茶的品质特征是：多数叶芽细嫩，显毫，香味鲜醇。主要品种有黄芽茶、黄小茶和黄大茶三类。

白茶和黄茶如图5-3所示。

黄茶　　　　　　　　　　　　　白茶

图5-3　白茶和黄茶

2. 茶叶保管

（1）防潮。茶叶极易吸潮、吸湿，因此茶叶的存放环境必须干燥，相对湿度不可超过80%，包装必须严格密封、不透气。

（2）防热。随温度升高，茶叶色泽会发生加速褐变，科学数据显示如果可在 0℃下存放将可较好地抑制茶叶的色泽褐变过程。因此，茶叶的存放环境温度最好为 15℃，不宜超过30℃，且必须做到避光存放。

（3）防串味。茶叶具有较强的吸收异味特性，因此茶叶必须严格密封、不透气，同时严禁与有异味的货品同库存放或同车、同舱运载。

（4）要掌握先进先出的原则。茶叶经长时间储存后，会香气减弱、色泽变暗，产生陈化现象，不宜积压过长时间，因此茶叶的仓储管理必须坚持先进先出原则。

（5）茶叶的分装。茶叶在零售前要进行分装，分装的工作环境必须干燥、清洁，应避免在阴雨天作业；分装后的茶叶应放在密闭包装器皿里，如铁制茶听、铝箔抽真空小袋或有铝箔裱衬的茶箱等，不能透气。

二、塑料制品

1. 塑料的代表性品种和日常生活中的常见种类

至今为止已投入工业生产的塑料有 300 多种，其中产量最大、用途最广的有六大品种：聚乙烯塑料（PE）、聚氯乙烯塑料（PVC）、聚苯乙烯塑料（PS）、聚丙烯塑料（PP）、氨基塑料和酚醛塑料，它们共占塑料生产总量的八成以上。此外，还有 ABS（丙烯腈-丁二烯-苯乙烯）塑料、有机玻璃塑料、纤维素塑料、聚酰胺塑料（PA，俗称尼龙）、聚苯醚塑料（PPO）、热塑性弹性体塑料（TPE）、聚烯烃热塑性弹性体塑料（TPO）等。

如图 5-4 所示，塑料制品在我们的现实世界中处处可见，但日常生活中所使用的一般塑料制品的底部均有一个三角形标志（见图 5-5），标志内会标注数字，分别表示该容器使用的不同塑料材质，详情如下。

各种日化用品的塑料瓶

各式塑料制生活用品

各种饮料用塑料瓶

图 5-4　各种塑料制品

图 5-5 塑料制品的底部数字

（1）聚对苯二甲酸乙二醇酯。塑料制品底部的标注数字"1"代表 PET——聚对苯二甲酸乙二醇酯，多用于塑料矿泉水瓶、碳酸饮料瓶。耐热至 65℃，耐冷至 -20℃，只适合装暖饮或冷饮，装高温液体或加热则易变形。据新闻媒体报道，1 号塑料品用了 10 个月后，有可能释放出致癌物 DEHP（邻苯二甲酸二辛酯），对生殖系统具有毒性。目前，该塑料材质一般多用于矿泉水瓶、纯净水瓶、碳酸饮料瓶。

（2）高密度聚乙烯。塑料制品底部标注数字"2"代表 HDPE——高密度聚乙烯，多用于清洁用品、沐浴产品，由于清洁不彻底，建议不要循环使用，常用于白色药瓶、清洁用品瓶、沐浴产品瓶。见图 5-5。

（3）聚氯乙烯。塑料制品底部标注数字"3"代表 PVC——聚氯乙烯，目前很少用于食品包装，这种材质高温时容易产生有害物质，甚至在制造的过程中都会释放有害物质，有毒物随食物进入人体后，可能引起乳癌、新生儿先天缺陷等疾病。常用于雨衣、建材、塑料膜、塑料盒等。

（4）低密度聚乙烯。塑料制品底部标注数字"4"代表 LDPE——低密度聚乙烯，多用于保鲜膜、塑料膜等，耐热性不强，所以保鲜膜不能包在食物表面放进微波炉加热。

（5）聚丙烯。塑料制品底部标注数字"5"代表 PP——聚丙烯，耐高温 120℃，耐低温 -20℃，多用于制造微波炉餐盒、保鲜盒。但据业内人士透露，因造价成本过高，微波炉餐盒的盖子一般不使用专用 PP 材质，为保险起见，消费者在将该类容器放入微波炉前，最好先把盖子取下。

（6）聚苯乙烯。塑料制品底部标注数字"6"代表 PS——聚苯乙烯，一般用于碗装泡面盒、快餐盒、透明食品罐、果盘等，这种材质虽然又耐热又抗寒，但不能放进微波炉中，以免因温度过高而释放化学物，并且不能用于盛装强酸（如柳橙汁）、强碱性物质，因为会分解出对人体有害的毒素。

（7）其他所有未列出的树脂和混合料。塑料制品底部标注数字"7"代表 PC 或其他树脂和混合料，是相对安全的，但目前我国国内日常食品容器标注数字为 7 的常为 PC（即聚碳酸酯，耐磨性差），纯净水桶、耐热水杯、奶瓶多是用 PC 制造。

在上述七种塑料材质中，标注数字为"5"的聚丙烯（PP）相对最安全，最适合作为日常食品容器。

2. 塑料制品的鉴别及挑选

塑料的种类很多，不同类型的塑料制品在性能和保养方法上有一定的差别，需要加以鉴别。塑料的鉴别方法很多，如外观鉴别法、燃烧鉴别法，也有借助一定仪器的溶解鉴别法、密度鉴别法、熔点鉴别法、红外吸收光谱法等。

挑选的塑料制品应保证结构合理、造型美观、色泽鲜艳、表面平滑光亮、厚薄均匀，并且应无难闻的气味以及变色、沙砾、气孔、裂缝、皱纹等缺陷。

3. 塑料制品的储存及保管

（1）分库存放。塑料制品勿与化学药品同库混存，尤其是挥发性有机溶剂对塑料制品容易产生侵蚀。

（2）避光、防热、防冻。塑料制品应避光存放，并避免曝晒、受热或冷冻。光和过高或过低的温度，都容易加速塑料制品老化，从而逐渐失去使用价值。

（3）防止破裂、重压。塑料制品应轻搬轻放，堆码不要过高。受到碰撞的硬质塑料制品容易破裂；长期受到重压的软质或空心塑料制品容易变形，塑料薄膜容易粘连。

（4）注意储存保管的卫生，并保持储存场所干燥。要保持库房干燥和清洁，潮湿和尘埃都容易使塑料制品表面失去光泽。

三、玻璃制品

玻璃是指由含有二氧化硅和各种金属氧化物的原料，按一定比例混合，经过高温熔融、冷却、固化而形成的非晶态无机物，是硅酸盐材料的一种。玻璃具有透明、坚硬、耐磨、耐蚀、耐热等性能，优良的光学和电学性能，以及良好的加工性能。如图5-6所示，玻璃制品品种繁多，精致美观，经久耐用，洁净卫生，而且价格低廉，被广泛应用于日常生活以及生产、科研等领域。

玻璃花瓶

玻璃香水瓶

玻璃酒瓶

图 5-6　各种玻璃制品

玻璃器皿的储存保管应注意以下方面。

1. 分类存放

玻璃器皿勿与酸碱盐类化学药品及容易返潮的商品同库存放。

2. 防碎、防压

玻璃器皿是典型的易破碎货品，要轻装轻卸、轻拿轻放，严防碰撞、倾斜或倒置，堆码不宜过高。

3. 防潮

仓库内相对湿度宜在85%以下，最高不得超过90%。要经常检查，发现包装受潮和玻璃器皿出现霉斑，要及时处理。

四、日化用品

如图5-7所示，人们生活中常用的日化用品涵盖了个人及家庭所需的清洁、美化用品，如洗发水、润发膏、洁面乳、爽肤水、保湿露、防晒霜、沐浴露、护肤霜、香水、洗手液、衣物柔顺剂、牙膏、洗衣粉、洗衣液、肥皂、香皂、衣领净、洁厕精、空调清洁剂等，与人们每一天的生活息息相关。

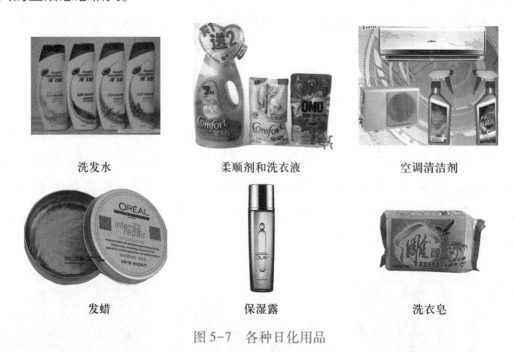

洗发水　　　　　　　柔顺剂和洗衣液　　　　　　空调清洁剂

发蜡　　　　　　　　保湿露　　　　　　　　洗衣皂

图5-7　各种日化用品

日化用品的储存保管应注意以下几个方面。

1. 入库

日化用品入库要分类或单独存放，以防串味；要轻装轻卸，以防玻璃、陶瓷类包装容器破碎。在码放过程中，存放堆码高度必须严格依据外包装上的堆码层数极限要求进行操作，以免受压过大、纸箱变形、日化用品内包装受损而导致货损。

2. 在库

日化用品在库储存要控制好温湿度，避免阳光直射，远离暖气设备。

温度过高，会引起水分、香气、易挥发成分逸失以及霜膏中油水分离变质；温度过低，又会使含水较多的洗发水、洗手液、沐浴露、化妆品变硬、生成粗渣等质量变化，还能引起包装容器冻裂。湿度过高，会使粉质化妆品、肥皂等受潮结块，所含营养物质生霉变质以及包装损坏。因此，应保持库内温度在 0～35 ℃、相对湿度在 60%～85%，堆放时应垫离地面 20 cm 以上，并注意通风。同时要加强化妆品的在库检查，一旦发现包装漏气，要立即密封，以防香气和水分散发。

3. 出库

日化用品要注意及时出库销售，坚持先进先出原则。

不同的日化用品有不同的保质期限，其中护肤化妆品的保质期较短，通常不超过两年，相对其他非食品类货品更需重视先进先出的库存管理。

五、药物 1——片剂类和粉剂类药物

从医学理论体系的角度并按照我国传统习惯，药物可分为中药和西药两大类；其中中药的形式有中药材、中药饮片和中成药三大类，西药有化学药品和生物药品两类。

在药物制剂分类法的基础上，按照医药的仓储保管和店堂陈列习惯，可将不同种类的各种剂型按外观大致分为针、片、水、粉四大类。针剂类包括液体注射剂、固体注射剂、输液剂等；片剂类包括片剂、丸剂、滴丸剂和胶囊剂等；水剂类包括液体制剂、半固体制剂（软膏剂、眼膏剂、霜剂等）、栓剂、气雾剂、药膜等；粉剂类包括原料药、颗粒剂、散剂、干糖剂等。其中，片剂类和粉剂类药物属于清洁普通货品，如图 5-8 所示；而针剂类和水剂类药物则属于后面任务二中的液体普通货品。

中药材

胶囊

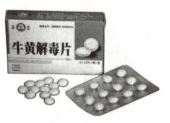

牛黄解毒片

乌鸡白凤丸

正露丸

保婴丹

图 5-8　片剂类和粉剂类药物

1. 不同性质药物的储存保管

（1）易受光线影响而变质的药品。

① 应采用棕色玻璃瓶或用黑色纸包裹的遮光容器，并尽量采用小包装。

② 放在阴凉干燥或光线不易直射到的地方。库房门、窗可悬挂黑布帘或用黑纸遮挡。

③ 不常使用的药品可储存于严密不透光的药箱或药柜内，以防阳光射入。

（2）易受湿度影响而变质的药品。

① 对极易吸湿的药品，应根据药物的不同性质采取密封、严封甚至熔封方法储存。少数易受潮的药品，可采用石灰干燥器储存。

② 易挥发的药品，应密封置于阴凉干燥处。

③ 控制药库内的湿度，以保持相对湿度在 50%~70%为宜。

（3）易受温度影响而变质的药品。

① 常温储藏。一般药品储存于常温下，亦即 0~30 ℃为宜。凡《中国药典》未规定储存温度的，在常温下储存。

② 低温储藏。如指明须储存于"阴凉处""凉暗处"或"冷处"的药物，均应按《中国药典》规定的相应条件储存。另外，亦可利用地窖、坑道、山洞等处储藏药品，其环境较为阴凉。

③ 保暖储藏。对易冻裂或经冻结后易变质和失效的药品，必须采取保暖储藏方式。可采用保暖箱，有条件者可建立保暖库。

（4）麻醉药品、精神药品和放射性药品。

① 麻醉药品、精神药品和放射性药品应严格执行专库（柜）存放、双人双管、专人专账记录制度。

② 放射性药品的储存应具有与放射剂量相适应的防护装置；放射性药品置放时应避免拖拉或撞击。

③ 入库、出库均应执行双人验收或双人复核制度。

④ 由于破损、变质、过期失效而不可供药用的药品，应清点登记，列表上报当地监督管理部门处理。

（5）医疗用毒性药品。

① 必须储存在有必要安全设施的单独仓间内（如窗加铁栅、铁门），或专柜加锁专人保管，专账记录。

② 毒性药品的验收、收货、发货，均应由第二人复核并共同在单据上签名盖章。切忌收假、发错，严禁与其他药品混杂。

③ 对不可供药用的毒性药品，经单位领导审核，报当地有关主管部门批准后，按毒性药品的理化性质，采取不同方法，由熟知药品性质和毒性的专业人员指导销毁，并建立销毁档案。

（6）易燃、易爆等危险性药品。危险性药品指易受光、热、空气等外来因素影响而引起自燃、助燃、爆炸或具有强腐蚀性、刺激性、剧烈毒性的药品。保管危险性药品应熟悉其性质，注意安全，设立专用仓库，分类保管、单独存放，并采取坚固、耐压、耐火、耐腐蚀的严密包装和堆放方式。

（7）近效期药品。近效期药品特别是稳定性较差的药品，如大多数抗生素及生物制品等，在储存期间易受外界因素的影响，当储存一定时间后，可能引起药效降低、毒性增高，甚至不能再供药用。因此，除了要严格按照规定的储存条件尤其是温、湿度条件储存外，为确保所销售或使用药品的质量，避免造成浪费，应经常注意药效期限，随时检查。药品出库更应做到"先产先出、先进先出、近期先出、近期先用"。同时健全近效期药品的催售或使用管理制度。凡过期的药品，不可再销售和使用。

2. 常见易变质剂型的养护

（1）片剂。因片剂中含淀粉等辅料，在湿度较大时，淀粉等辅料会吸湿而致药片出现碎片、潮解、粘连等现象。糖衣片吸潮后产生花斑、变色、无光泽，严重的出现粘连、膨胀、霉变等现象。因此，一般片剂的保管首要是防潮；其次是避光，某些片剂的活性成分对光线敏感，受光照易变质，糖衣片最好储存于阴凉库房中。

（2）胶囊剂。胶囊在受热、吸潮后容易粘连、变形或破裂。有色胶囊会出现变色、色泽不均等现象，所以胶囊剂的保存主要是控制温度和湿度，应存放于阴凉库房中，保持合适的温度，但不要过于干燥，过于干燥胶囊也会因失水而脆裂。

其余五种常见易变质剂型，如软膏剂、栓剂、糖浆剂、水剂类和注射剂，都放在后面任务二"了解液体普通货品"的任务准备的第 4 点进行介绍。

任务实施

任务书 1

每组同学扮演小明、春花、大风、秋月四位实习生，完成以下任务：

1. 了解常见的清洁普通货品的范围。
2. 了解常见的清洁普通货品的储运保管要求。

步骤 1：选一选——确认清洁普通货品的范围

先阅读表 5-1 的货品，并思考这些货品是否属于清洁普通货品，若是请用铅笔在货品右边打对号，若不是则打叉；然后阅读前文的任务准备，检查自己的选择是否正确，如有错误，请用水笔或签字笔更正。

表 5-1　判断是否属于清洁普通货品

货品	判断	货品	判断	货品	判断
轮胎		茶叶		农夫山泉矿泉水	
衣服		鞭炮		塑料杯	
醉螨农药		洗衣皂		羊肉卷	

步骤 2：填一填——了解常见清洁普通货品的储运保管要求

在步骤 1 的基础上，从茶叶、日化用品、玻璃制品、塑料制品或其他常见清洁普通货品中选择两种，认真思考并用铅笔填写表 5-2。然后阅读前文的任务准备，检查自己的选择是否正确，如有错误，请用水笔或签字笔更正。

表 5-2　清洁普通货品的储运保管要求

细项	清洁普通货品 1：＿＿＿＿＿＿＿＿＿＿	清洁普通货品 2：＿＿＿＿＿＿＿＿＿＿
包装要求		
出入库验收重点		
堆码苦垫要求		
温湿度要求		

小提示：可以回顾并参考前面所学的项目四。

任务评价

任务评价表

被考评组别：	被考评组别成员名单：			
考评内容：				

考评项目	分值	小组自我评价（30%）	其他组别评价（平均）（40%）	教师评价（30%）	合计（100%）
参与讨论的积极性	15				
语言表达	15				
任务完成情况	40				
团队合作精神	15				
沟通能力	15				
合　　计	100				

拓展提升

一、填表题

试题类型	填表题	难度	中

根据已学内容，完成下列货品特征描述

货品种类	货品主要特征			
	机械性质	物理性质	化学性质	生物性质
茶叶				
塑料制品				
玻璃制品				
日化用品				
药品Ⅰ——片剂和粉剂药物				

二、填空题

试题类型	填空题	难度	中

1. 根据茶叶的特性，茶叶保管的一般要求是_____、_____、防串味。茶叶经长时间储存后，会香气减弱、色泽变暗，因此茶叶的仓储管理必须坚持_____原则。

2. 光和过高或过低的温度，都容易加速塑料制品老化，故在保管时要_____、_____、防冻。

3. 玻璃制品是典型的_____货品，要轻装轻卸、轻拿轻放，严防碰撞、倾斜或倒置，堆码不宜过_____。

4. 日化用品要注意及时出库销售，坚持_____原则。

三、综合题

在完成了任务一的学习后，可借助网络搜索"飞鹤星飞帆 3 段婴幼儿配方奶粉"和"华为 Mate 40 智能手机"的相关信息，认真填写表 5-3；可以小组路演形式在课堂上予以展示和分享。

表 5-3　商品储运保管要求

细项	飞鹤星飞帆 3 段婴幼儿配方奶粉	华为 Mate 40 智能手机
包装要求		
出入库验收重点		
堆码苦垫要求		
温湿度要求		
其他		

任务二　了解液体普通货品

任务描述

经过之前的学习，小明、春花、大风、秋月已能掌握常见的清洁普通货品的相关知识。今天，大顺发物流公司接到一批运输储存业务，包括 1 000 瓶茅台迎宾酒和 3 000 瓶金蝴蝶红酒，4 000 瓶可口可乐，200 桶 2 L 装金龙鱼花生油，1 200 瓶 1 L 装葡萄糖医用注射液。

负责人杨经理要求他们初步制订该批货品包装、储存方案，并提醒他们注意这批货品属于常见的液体普通货品，"液体普通货品指盛装于桶、瓶、罐、坛内，运输过程中容易破损、滴漏的各种流质或半流质的货品，通常包括各种饮料、酒类、水剂型药品、油类及制品等；相对清洁普通货品，液体普通货品在包装、运输、卸载、储存等操作环节上有很大不同"。表5-4是大顺发物流公司部分货品列表。

表5-4 大顺发物流公司部分货品列表

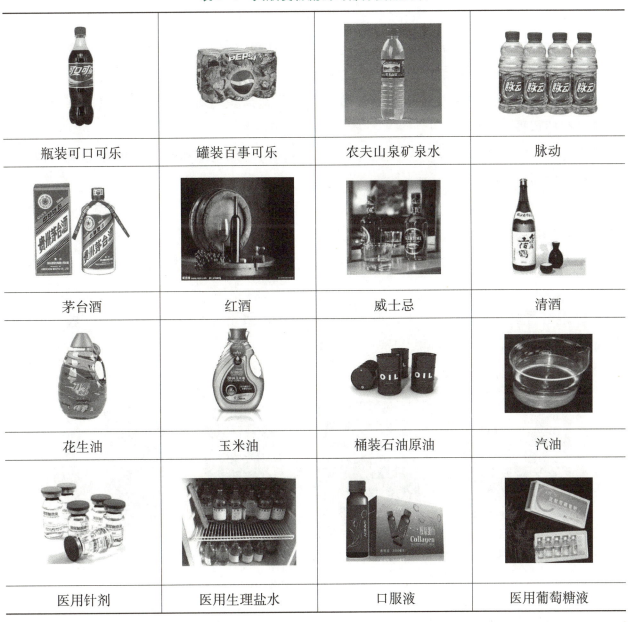

瓶装可口可乐	罐装百事可乐	农夫山泉矿泉水	脉动
茅台酒	红酒	威士忌	清酒
花生油	玉米油	桶装石油原油	汽油
医用针剂	医用生理盐水	口服液	医用葡萄糖液

任务目标

1. 知道液体普通货品的种类。
2. 能根据不同的液体普通货品种类进行货品运输、储存方式的选择。

任务准备

一、酒类

1. 白酒

白酒又称老白干，是以高粱、玉米等含淀粉较多的粮食或薯类为原料，以酒曲为糖化剂，经发酵后，用蒸馏法制成的高酒精度饮料酒。其酒精含量一般在 40% 以上。白酒在饮料酒中具有独特风味，酒液清澈透明，香气宜人，甘润清冽，回味悠久。

（1）白酒的香型。我国白酒的香型主要有以下五种。

① 酱香型，又称茅香型，以贵州茅台酒为代表，其特点是醇香馥郁、香气幽美、回味悠长、空杯留香。

② 清香型，又称汾香型，以山西汾酒为代表，其特点是清香纯正、醇味协调、醇甜柔和、余味爽净。

③ 浓香型，又称泸香型，以四川泸州老窖特曲为代表，其特点是香味浓郁、绵甜爽净、香味协调、回味悠长。

④ 米香型，又称蜜香型，以广西桂林三花酒为代表，其特点是蜜香清雅、绵甜爽净、回味怡畅。

⑤ 混合香型，凡是不属于上述四种香型的白酒都属于此香型。以董酒为代表，特点是闻香、口香和回味香各不相同，具有一酒多香的风格。

几种香型的白酒如图 5-9 所示。

| 贵州茅台酒 | 山西汾酒 | 四川泸州老窖特曲 | 广西桂林三花酒 |

图 5-9　几种香型的白酒

（2）白酒的储存保管。

① 白酒中酒精含量高，而酒精又是一种易挥发、易燃的物质。在存放白酒的仓库内外严禁烟火，库内应安装防爆电灯，仓库备有消防器材。

② 瓶装白酒的保管应选择比较干燥、清洁和通风较好的仓库，库内的温度不宜过高，相对湿度不应超过 80%。

③ 要按不同品种分别堆码，酒箱要安放平稳，以防倾斜倒塌，垛高 5 层或 6 层为宜。

2. 国外制酒

（1）酿造酒。

① 啤酒。世界上啤酒按传统风味大致可分为以下五种。我国较常见的几种啤酒如图 5-10 所示。

玻璃瓶装珠江啤酒　　　　　　原木桶装德国啤酒　　　　　　易拉罐装青岛啤酒

图 5-10　我国较常见的几种啤酒

● 拉戈啤酒（Lager beer）。它是世界上产量最大的啤酒，我国的啤酒大多数属于拉戈型。其特点是采用底层低温发酵法酿制，在储存期中使酒液中的发酵物质全部耗尽，然后充入少量二氧化碳装瓶，是一种彻底发酵的啤酒。

● 白啤酒或爱尔啤酒（Ale beer）。传统的爱尔啤酒不加酒花，现在已加酒花。其特点是采用上层高温发酵法，酒液呈苍白色，具有烟熏麦芽香和酸味。

● 司陶特啤酒（Stout beer）。采用上层高温发酵法，风味与白啤酒接近，但比白啤酒浓烈，酒花、麦芽香突出，略带烟熏味。酒液呈棕红色。

● 波特啤酒（Porter beer）。采用上层高温发酵法，麦芽汁浓度高，香味浓，泡沫浓而稠，口味较烈、略苦。酒精含量为 4.5%。

● 博克啤酒（Bock beer）。采用下层高温发酵法，是深色的高浓度啤酒，具有浓厚的甜味和麦芽汁风味。酒精含量最高达 10.0%。多数是在冬天酿制，春天出售。

② 葡萄酒。世界各国的葡萄酒种类繁多，根据其特点及作用可分为以下几种。

● 起泡葡萄酒。如图 5-11 所示，法国北部香槟地区生产的起泡白葡萄酒最为著名，被誉为葡萄汽酒中的"酒中皇后"，享有商标法及国际法保护的"香槟"商标；其他国家甚至法国其他地方生产的同类酒，只能称起泡葡萄酒。

● 无泡葡萄酒。无泡葡萄酒又称佐餐酒，即通常饮用的红葡萄酒、白葡萄酒和玫瑰香葡萄酒。以法国产的最负盛名，意大利、西班牙、葡萄牙、德国、英国等也大量生产。

法国香槟酒　　　　　日本清酒　　　　　威士忌

图5-11　葡萄酒、清酒和蒸馏酒

● 强化葡萄酒。强化葡萄酒是在葡萄发酵中途加入白兰地，终止葡萄发酵，这样既保留了酒中的葡萄糖，又能增加酒精含量。较著名的有雪利酒、马德拉酒等。

● 香料葡萄酒。香料葡萄酒就是加了香料的葡萄酒，最为著名的是味美思（苦艾酒）。味美思是一种调味加强葡萄酒，以苦艾为主要香料，配以三四十种其他香料。

③ 清酒。清酒在日本享有国酒之誉，与我国的黄酒为同一类型的米酒。清酒是以大米为原料，蒸煮后拌以米曲，经糖化和发酵酿制而成。如图5-11所示，清酒色泽呈淡黄色或无色，清亮透明，芳香宜人，口味纯正，绵软爽口，其酸、甜、苦、辣、涩味协调。其酒精度在15%以上。

（2）蒸馏酒。蒸馏酒按使用原料不同可分为葡萄蒸馏酒、谷物蒸馏酒和杂果蒸馏酒三类，按销售习惯可分为白兰地、威士忌（图5-11）、金酒、伏特加、罗姆酒和特吉拉酒。

二、普通饮料

1. 普通饮料的种类

除了酒类以外，现今社会的普通饮料包括矿泉水、纯净水、矿物质水、果蔬汁饮料、碳酸饮料、乳制品饮料、功能性饮料、凉茶饮料和固体饮料（指以果汁、动植物蛋白、植物提取物等原料制成的每100 g成品里水分不高于5 g的制品，呈粉末状、颗粒状或块状，如豆晶粉、麦乳精、速溶咖啡、菊花晶）等。

2. 普通饮料的主要包装形式

如图5-12所示，目前我国普通饮料的主要包装形式有塑料瓶装、玻璃瓶装、易拉罐装、马口铁罐装、袋装、桶装等。

（1）金属容器。用于饮料包装的金属容器有三片罐和两片罐。三片罐由罐身、罐盖和罐底组成，材料为马口铁，如椰树牌椰汁、泰奇八宝粥。两片罐由罐身和罐盖组成，材料为铝合金薄板，罐盖上有易拉口，俗称易拉罐，如可口可乐、红罐凉茶。

（2）塑料容器。塑料是饮料包装中发展迅速的一种包装材料。塑料容器的品种繁多，有坚硬的、柔软的和层压的等不同类别。塑料容器强度大，实感强，隔绝性好，重量轻，外形美观，成本低，适合大量生产，被用于绝大多数的各种类型的普通饮料。

可口可乐

脉动

农夫山泉矿泉水

椰树牌椰汁

泰奇八宝粥

红罐凉茶

燕塘纯牛奶

卡士酸奶

图 5-12　各种普通饮料

（3）纸板盒。作为饮料包装容器用的纸板盒有两种，一种是盒中袋，另一种是复合板盒，均为无菌灌装。乳制品饮料和凉茶饮料较多采用"利乐"纸盒包装。

（4）玻璃瓶。以玻璃瓶作为容器，瓶口由衬垫和皇冠盖密封，被用于绝大多数的碳酸饮料。

果汁饮料的保质期都为 1 年。果汁饮料主要有纸包装和胶桶包装（PET）两种。

玻璃瓶装汽水保质期为 3 个月，罐装汽水保质期为 6 个月。

国家标准规定，在未启封、存放适宜的条件下桶装矿泉水、纯净水和矿物质水的保质期为 3 个月。当桶装水上机后，由于二次污染或因饮水机放置位置不当，容易导致细菌和藻类繁殖生长。为避免出现问题，有关方面建议，桶装水的最佳饮用期为 7~10 天。瓶装矿泉水的保质期为 1 年。

3. 对饮料包装的基本要求

目前，世界各国都对饮料包装提出了下述几项基本要求。

（1）对人体安全无毒。

（2）具有可靠的机械强度和延展性。

（3）具有防水、防湿、遮光、防紫外线等良好的隔绝性能。

（4）与饮料成分不起化学反应。

（5）制造方便，便于密封，适合大量生产，成本低。

（6）外形美观，适于商标印刷，受消费者欢迎。

（7）易开封，携带方便，用后便于处理。

（8）运输保管方便。

三、油类制品

1. 原油及其制品

原油是指开采出来后未经提炼的石油。它是一种黏稠状的可燃性液体矿物，多为黑色、褐色或暗绿色，偶有黄色。如图 5-13 所示，经过蒸馏、裂化等加工手段，可以提炼得到汽油、煤油、柴油和重油等，是现代化工业的重要原料。石油被誉为"液体黄金""工业血液"，炼油剩余物可制成纤维、合成橡胶、塑料、各种燃料、沥青等，用途非常广泛。

桶装石油原油　　汽车润滑油　　汽油机油　　　　原油油罐

图 5-13　原油及其制品

（1）石油产品的保存。石油产品对人体有毒，且易蒸发、易爆炸、易产生静电、易发生氧化变质，必须坚决采取和执行严格有效的措施来予以保管，以避免货损以及事故的发生。

① 要选择阴凉地点，最好是地下室、半地下室和山洞存放油料，以减少日光曝晒；油罐要涂成银灰色，以反射阳光，炎热季节要在油罐上洒水，以降低温度。

② 装油要装到安全容量，减少蒸发面积和缩小气体空间；对储存期较长而储油较少的容器，要适时合并；零星发油时，要发完一个容器再发另一个容器，并坚持先进先发的原则。

③ 减少不必要的倒装。每倒装一次，油料就会增加蒸发损耗。倒装时还会增加油料与空气的接触，加速氧化。实践证明，倒装 1 t 汽油就要损失 1.5~2.0 kg。

④ 减少与铜及其他金属接触。各种金属特别是铜，能促进油料氧化变质，如铜能使汽油胶质生成量增大 6 倍。因此，容器与油料接触的部位不要用铜制零件。油罐内壁刷涂防锈物质，避免金属对油料氧化起催化作用，减缓油料氧化变质。

⑤ 防止混入水分和其他杂质。这是保证油料充分发挥其功用的关键。

⑥ 防止石油产品着火。石油产品的闪点大部分都很低，若储油附近有火源存在，易引起火灾。因此油库内外不能有可燃物和引火物，并要避免火星。

（2）原油的油罐储存。原油及其产品除了少量注入包装容器储存外，大量的是利用大容量的油罐储存。油罐有土罐、混凝土罐、钢罐等多种，目前大量采用的是钢罐，如图 5-13

所示。钢制油罐可供储存原油和各种液体成品油，有立式、卧式、球形和扁球形等多种形状，铆接立式圆钢罐的容量可达 10 500 m³；土油罐（油池）用于短期储存原油和重油，是涂敷 0.5~0.7 m 厚的油性黏土层所形成的土坑，储油可达 160 t 以上。

储存原油及其产品的油罐（以及储存桶装油品的油库）可建造在地面、半地下或地下。利用地下油罐储存油品，油品的挥发远比利用地面或半地下油罐储存时少。

2. 食用植物油

食用植物油是从植物种子或果实中提取的，分为草本油料和木本油料。如图 5-14 所示，草本油料主要有大豆、花生、油菜籽、棉籽、芝麻、葵花籽、油莎豆以及粮食加工副产品米糠、玉米胚芽、小麦胚芽等；木本油料主要有油茶籽、油橄榄、椰子、油棕果等。在我国的油料中，草本油料占 90%。油脂的制取方法主要有压榨法制油、浸出法制油和水代法制油三种。

花生油　　　　　　玉米油　　　　　　葵花籽油

图 5-14　国内常见的食用植物油

四、药物 2——针剂类和水剂类药

在前面任务一"了解清洁普通货品"中，已介绍了片剂和胶囊剂两种属于清洁普通货品的常见易变质剂型的养护方法。如图 5-15 所示，下面将继续介绍剩余五种属于液体普通货品的常见易变质剂型药物的养护方法。

念慈庵枇杷膏　　　医用注射液　　　皮炎平软膏　　　云南白药喷雾剂

图 5-15　针剂类和水剂类药物

1. 软膏剂

乳剂基质和水溶性基质制成的软膏，在冬季应注意防冻，以免水分和基质分离，一般在常温库保存，此外还要防止重压，以免锡管变形。

2. 栓剂

栓剂基质的熔点一般都较低，储存温度过高会熔化变形，影响质量，温度过低或环境太干燥则会开裂，故栓剂一般只在30℃以下的常温库密闭保存，并控制好相对湿度。

3. 糖浆剂

糖浆剂受热、光照等因素影响，易产生霉变和沉淀，且因含丰富糖分等营养物质，很易受细菌污染而霉变。因此应存放于阴凉库房中，避免阳光直射，并采取有效措施防止微生物污染。

4. 水剂类

温度过高，含乙醇的制剂会受热挥发或产生沉淀影响质量；芳香水剂也会挥发；乳剂会因温度过高而凝结，温度过低会致其冻结分层。所以，储存水剂类药品时应控制库房温度，存放在30℃以下的常温库或置于阴凉处，冬季应采取防冻措施。

5. 注射剂

大部分注射剂都怕日光照射，因日光中的紫外线能加速药品的氧化分解，因此储存注射剂的仓库门窗应采取遮光措施。其中水针剂的保存要注意防冻，因为温度低于0℃时易冻裂受损。抗生素、生物制品、酶制剂等注射剂受温度的影响较大，最适宜的温度是2~10℃，除冻干制剂外，一般不能在0℃以下保存，以免因冻结而致蛋白质变性而变质。粉针剂由于压盖、储存、运输中的原因，可能造成密封不严，在潮湿空气中易出现吸潮、粘瓶、结块等现象，影响质量，因此在储存保管中要注意防潮，不宜置于冰箱中，应严格控制空气湿度，相对湿度保持在45%~75%。

任务实施

任务书2

每组同学扮演小明、春花、大凤、秋月四位实习生，完成以下任务：

1. 识别液体普通货品的种类。
2. 了解常见的液体普通货品的储运保管要求。

步骤1：货品归类

以茅台酒为例，通过分类，识别货品类别，填写表5-5。

表 5-5　工作记录表 1

货品	分类方法	分类类别	
		大类	小类
茅台酒	按货品的装运要求分类		
	按货品的包装形态		
	按货品的装载储存场所分类		
	货品的自然特性分类		

小提示：可参考项目一的知识。

步骤 2：了解货品性质

在选择货品分类方法后，将茅台酒进行归类并填写表 5-6。

表 5-6　工作记录表 2

茅台酒的货品种类	茅台酒的货品主要特性			
	机械性质	物理性质	化学性质	生物性质

小提示：可参考项目二的知识。

步骤 3：初步制订茅台酒的包装、储存方案

填写表 5-7、表 5-8。

表 5-7　工作记录表 3——包装方案

货品运输包装要素	选择措施
包装类别（包装、裸装、散装）	
包装材料	
包装技法	
包装造型	
包装标志	

表 5-8 工作记录表 4——储存方案

储存保管事项	工作要求
库房	
验收重点	
堆码苫垫	
保管温度与湿度	
保管方法和措施	

小提示： 可参考项目三和前文的任务准备的知识。

任务评价

任务评价表

被考评组别：	被考评组别成员名单：			
考评内容：				

考评项目	分值	小组自我评价（30%）	其他组别评价（平均）（40%）	教师评价（30%）	合计（100%）
参与讨论的积极性	15				
语言表达	15				
任务完成情况	40				
团队的合作精神	15				
沟通能力	15				
合 计	100				

拓展提升

一、选择题

试题类型	多项选择题	难度	低

1. 存放白酒的仓库应（ ）。

选项 A	干燥、清洁、通风
选项 B	严禁烟火
选项 C	安装防爆电灯
选项 D	安装空调，严格控制温湿度

2. 普通饮料的主要包装形式有（　　　　）。

选项 A	金属容器
选项 B	纸板盒
选项 C	塑料容器
选项 D	玻璃瓶

二、填空题

试题类型	填空题	难度	中

1. 糖浆剂受热、光照等因素影响，易产生霉变和_____，且因含丰富糖分等营养物质，很易受细菌污染而_____。因此应存放于阴凉库房中，避免阳光直射，并采取有效措施防止_____污染。

2. 乳剂基质和水溶性基质制成的软膏，在冬季应注意_____，以免水分和基质_____。

三、综合题

在完成了任务一的学习后，可从"加多宝红罐凉茶""多力 5 L 装葵花籽油""乙肝疫苗"和"加德士汽车润滑油"中选择两种货品，然后利用课余时间到大型超市现场观察或借助网络手段搜索相关信息，认真填写表 5-9；可组织各学习小组在课堂上予以展示和分享。

表 5-9　填写货品的储运保管要求

细项	液体普通货品 1：_____	液体普通货品 2：_____
包装要求		
出入库验收重点		
堆码苫垫要求		
温湿度要求		
其他		

任务三 了解粗劣普通货品

任务描述

经过之前的学习，小明、春花、大风、秋月已初步掌握了常见的清洁普通货品和液体普通货品的基本知识。今天，大顺发物流公司接到一批运输储存业务，包括 10 箱中华香烟、1 t 羊皮、3 000 袋纸袋包装水泥、2 t 煤炭。负责人杨经理要求四位同学初步制订该批货品包装、储存方案，并提醒他们注意这批货品属于常见的粗劣普通货品，"粗劣货品是指具有易水湿、易扬尘、易渗油和易散发异味等特性的货品，分气味货品和扬尘货品两大类。相对清洁普通货品和液体普通货品，粗劣普通货品在包装、运输、卸载、运输等操作环节上更需要考虑对环境和相邻货品的可能性负面影响"。

任务目标

1. 了解粗劣普通货品的分类及特性。
2. 了解粗劣普通货品的包装、运输及保管方法。

任务准备

一、气味货品

1. 香烟

吸烟有害身体健康，但目前社会上的香烟（卷烟）种类繁多、销售包装精美、公众场所禁烟力度欠缺，对青少年的误导和负面影响很大，如何让青少年知晓吸烟的危害并有效拒绝第一支烟是青少年健康教育中很重要的一环。

烟草是一种茄科植物，有 60 余种，原产于拉丁美洲，目前在我国华北、东北、西南均有栽培。如图 5-16 所示，烟叶是烟草的叶片，是卷烟的主要原料，占卷烟用料的 70% 以上。烟叶被采收后，根据具体要求选用适当方法进行加工调制，按其调制方法的不同，原料烟叶可分为烤烟、晾烟和晒烟三种。

根据卷烟所用烟叶的品种及卷烟的色、香、味不同，按我国相关标准可将卷烟分为四种类型。

（1）烤烟型。烤烟型卷烟所用的原料以烤烟为主，烟丝颜色较浅，烟气中具有明显的烤烟香味，烟劲适中，很少或根本不加香精。高级香烟大多属于此类。

新鲜烟草

烤烟叶

香烟

图 5-16 卷烟及其制品

（2）混合型。混合型卷烟是以烤烟、晒烟、晾烟为原料，烟丝颜色较深，具有烤烟、晒烟、晾烟混合协调的香味，烟劲较大，焦油含量较低，烟碱含量适度。

（3）特殊香型。特殊香型卷烟也称香料型卷烟，指在卷烟中（多为烤烟型卷烟）加入一些独特的香料，使其烟气中具有独特的外加香味，如可可香、薄荷香等。

（4）雪茄型。雪茄型卷烟所用原料主要是晒烟和晾烟，一般不加香料，只有特殊的高级产品才加入少量的香料，其烟气具有雪茄烟香味，烟气呈棕色。

卷烟的保管应注意以下方面。

（1）做好卷烟的入库验收工作。要核对数量，检查质量，发现卷烟存在问题要采取行之有效的措施，减少和防止造成经济损失。

（2）堆码。不要将卷烟直接堆码在地上。烟垛的高低及堆码的形式，可根据入库季节、仓库条件和卷烟质量而定。

（3）控制库房内的温度和湿度。库房内温度控制在 20～40 ℃之间，相对湿度控制在 70%左右。不要把卷烟放在靠近暖气或有日光照射的地方。

（4）防止卷烟吸收异味。储存卷烟的仓库要专库专用，并保持库内清洁。不要与有味的商品混放，也不能存放潮湿的物品。

（5）经常检查。卷烟在储存保管中，常因库内温、湿度和其他方面的影响，发生受潮、霉变、生虫、脱丝、空头等情况，因此必须经常检查，发现问题应采取相应的措施。

2. 制革生皮

皮革是用动物身上的皮为原料经过一系列加工处理而形成的皮料。如图 5-17 所示，原料皮是指从动物身上剥下、经去毛后所得的皮张，工业上称为生皮。常用的制革原料皮有牛皮、羊皮、猪皮以及马皮、骡皮、驴皮、兔皮、鲨鱼皮、鳄鱼皮、蛇皮等。

（1）原料皮的性质。

① 怕潮湿。生皮的特殊结构决定其具有较强的吸湿性。生皮受潮湿尤其是水湿后会致细菌繁殖，腐蚀皮层组织，导致发霉、发热、变色、脱毛甚至腐烂。

② 感染性。运输中生皮尚未经严格处理，可能附着数十种细菌。温度适宜时，生皮上的细菌繁殖极快，而其中可能会有很多病原菌，对人、畜均有可能造成伤害。

猪皮

獭兔皮

皮革

图 5-17　各种生皮及制品

③ 怕热性。生皮受热或遇日光曝晒后，皮板会变得干燥且发硬脆裂。而皮板潮湿后，遇热则会腐烂发臭，严重破坏毛和皮板的结合，降低原料皮的质量。

④ 散发异味性。生皮本身即具有强烈的气味。而为防虫蛀、鼠咬，又常常在生皮表面撒上散发异味的化学药剂，更增强了生皮货品的散发异味性。

⑤ 怕虫蛀、鼠咬。生皮中富含动物蛋白质和油脂成分，很容易被虫蛀或鼠咬，使生皮受损。

（2）原料皮的储存及保藏。

① 干燥保藏法。干燥保藏法即直接将鲜皮晾干或在高于室温的条件下干燥。但干燥保藏法不适用于猪皮等含脂肪多的生皮。

② 盐腌保藏法。盐腌保藏法即用食盐腌制鲜皮。盐腌保藏法又可分为撒盐法和盐水浸泡法。撒盐法是将食盐均匀地撒在鲜皮的肉面上，盐用量为皮重的 35%~50%；盐水浸泡法是将鲜皮放在浓度为 25% 的食盐水中浸泡 16~24 h 后再撒盐保存。

③ 盐干保藏法。盐干保藏法即将生皮用盐腌过后再经干燥进行保藏。

④ 浸酸保藏法。浸酸保藏法通常以皮重 15%~20% 的食盐和 1.5%~2.0% 的硫酸降低皮层的 pH，多用于绵羊皮经脱毛、浸灰、脱灰后的裸皮的保藏。

⑤ 冷冻保藏法。冷冻保藏法即采用使鲜皮冻结的方法。冷冻保藏法会破坏生皮的组织结构，降低生皮的机械性能。

（3）生皮运输的注意事项。

① 运输生皮必须具有检疫证书。

② 生皮应避免与液体货及易散发水分的货品同舱装载。

③ 生皮应避免与易吸收气味的货品同舱装载。

④ 装载生皮的舱室应清洁、干燥，铺垫完整，污水沟畅通无阻。

⑤ 生皮装载应远离机舱等热源，且不宜装于深舱。

⑥ 生皮的装卸不能在雨雪天进行，搬运时严禁使用手钩，并避免摔、扔、拖、滑等重力作业。

二、易扬尘性货品

1. 水泥

水泥是水硬性矿质黏性材料。以普通水泥为例，它的主要成分为三钙硅酸盐、二钙硅酸盐和三钙铝酸盐。水泥的这些组成成分都能与水起作用，并产生凝胶体，这种凝胶体又能被钙氧化物和三钙铝酸盐的结晶体贯穿，所以，最后能逐渐硬化。由于水泥具有水硬性，而且具有强度高、耐久性好、使用方便等优点，所以它是现代建筑工程中不可缺少的基本材料，用量极大，运输量也相应较大。

水泥是颗粒极细的粉状物，在装卸搬运作业中极易飞扬，属于扬尘污染性货品。大量水泥粉尘易污损其他货品，并造成本身散失减量。如水泥粉尘撒落在食品、纺织纤维及其织品、裸装皮张、化肥等货品的表面，对它们的品质及使用、加工都有不利的影响。因此，凡沾染水泥粉尘后会影响质量的货品，不能与水泥装在同一舱室，同时应注意到水泥扬尘在装卸搬运作业时会对它们造成的影响。

水泥标号反映水泥的质量。水泥标号是经测试后确定的，主要反映水泥硬化后的耐压性能。水泥有多种标号，常用的普通水泥有 200 号、250 号、300 号、400 号、500 号、600号 6 种标号，高级水泥则有 700 号、800 号等标号。水泥标号越大，表明其强度越高、质量越好。通常，不同的工程对水泥质量有不同的要求，所以都明确规定使用某种标号的水泥。

（1）水泥的包装。如图 5-18 所示，水泥主要采用包装方式进行运输，常见的水泥包装有木桶包装、麻袋包装和多层纸袋包装三种，其中普遍使用的是多层纸袋包装。水泥也可采用散装方式运输，如利用专用散装船或散装集装箱，但目前尚不多见。水泥散装运输时，因扬尘较大，故港区往往都有严格限制。

硅酸盐膨胀水泥

水泥的堆垛储存

水泥的搅拌运输

图 5-18　水泥及其储运

多层纸袋包装由五层结实的牛皮纸构成，利用机械缝线封口，每袋可装水泥 50 kg。这种包装有如下优点：价廉、轻便、防透撒性较好、拆卸方便等。但它也有缺点，突出表现在牛皮纸受高热影响容易发脆，会造成包装破损。

麻袋包装主要包括黄麻袋和红麻袋。黄麻是一种粗纤维作物，它的纤维具有吸湿性强、散水快、耐腐蚀等优点。红麻与黄麻用途相同，且红麻抗逆性强，适应性广，田间管理更加粗放，纤维产量也比黄麻高得多，因此，红麻在生产上逐步取代了黄麻。

木桶包装主要用于向极地及寒冷地区装运水泥，这种木桶有纸张内衬，可以防止水泥从桶板缝隙透撒到桶外。

利用船舶运输包装水泥时，在装船前应检查包装的质量，并要求货方提供一定数量的备用空包装。

（2）水泥的运输与保管。在一般情况下，一艘船舶最多只能配装两种不同标号的水泥，而且这两种不同标号的水泥应分别装载。同时，如图5-18所示，水泥最好装在单独的货舱内，而不要与其他货品装于同一舱室，若为条件所限，也只能同舱配装完全干燥的、轻质的、不怕灰尘的、不会影响水泥质量的货品，但此时也须用帆布或两层席子并加以铺垫木把水泥与这些货品分隔开，将这些货品堆装在水泥上面。

装载水泥的货舱应干燥，舱室甲板和舱盖必须水密性良好，舱内排水系统应完好，并有良好的通风防潮设施。由于水泥受水湿会影响质量，尤其是海水对其影响更为严重，所以船舶运输应充分注意各种可能的水湿因素。除对船舱条件有一定的要求外，在港口仓库堆放时，该仓库（包括地面）也必须干燥并具备通风防潮条件。如水泥需要暂时堆放在港口堆场，货堆地面也必须有足够厚度的垫料，货堆应有完整无缺的铺盖。此外，水泥在支线水运及港内过驳作业中，也应谨防受到各种水湿，雨天禁止进行水泥装卸搬运作业。

同时，运输水泥时还必须注意以下五方面的问题。

① 袋装水泥应在充分冷却后才能装船，否则，因水泥温度较高，会使货舱（在外界温度较低时）出汗而造成水泥湿损。

② 应充分注意水泥包装的脆弱性。由于水泥灌包时温度还较高，包装纸受烤会影响纸质的坚韧性，所以，搬运堆装时严禁抛掷、拖曳，且堆装必须平整，以防破包。

③ 水泥装载在船舶中间舱，应注意防止它对底舱货品的污染。一般应在底舱舱口铺盖完整的油布，在水泥卸毕后，应先清扫中间舱再进行底舱作业。

④ 水泥在运输中仍不免经常发生破包现象，有时甚至还较严重，这些地脚水泥应装入备用袋交付。根据这一实际情况，在装船时，必须严格控制货舱的清洁条件，以防有任何能影响水泥质量的残留物混入地脚水泥。

⑤ 由于水泥极易扬尘，还应充分注意作业时对周围其他货品的影响。

此外，在建筑行业中，同一城市内或相隔不太远的城区之间的水泥运输会采用水泥搅拌车，如图5-18所示，就可以在运输过程中进行水泥与其他建筑材料的搅拌混合，节省时间、提升效率和搅拌效果。

2. 煤炭

煤既是动力燃料，又是化工和制焦炼铁的原料，素有"工业粮食"之称。工业界和民间常用煤做燃料以获取热量或动力。此外，还可把燃煤热能转化为电能进而长途输运。目前火力发电在我国电力结构中所占比重很大，也是世界电能的主要来源之一。煤燃烧残留的煤矸石和灰渣可做建筑材料。煤还是重要的化工材料，炼焦、高温干馏制煤气是煤很重要的化工应用，还用于民间制造合成氨原料，低灰、低硫和可磨性好的品种还可以制造多种碳素材料。煤炭的主要种类有褐煤、烟煤和无烟煤。

我国煤炭运输主要依靠铁路、公路、沿海和内河水运。如图5-19所示，铁路是煤炭运输最主要的方式，其运量占全国煤炭运输量的70%以上，目前形成若干从北向南、由西向东的运煤铁路大通道。水运煤炭也是煤炭运输的重要组成部分，随着基础设施不断完善，全国形成了东部沿海煤炭运输通道和长江、京杭大运河（山东—江苏段）运煤通道。公路运煤则以短距离运输为主，近几年随着铁路运力的紧张，公路运煤量呈快速增加的势头。

煤矿　　　　　　　　　煤炭的铁路运输　　　　　　　　运煤专列

图5-19　煤炭及其运输

煤炭运输最重要的是防止煤炭自燃发生火灾。其主要措施包括：① 定时测定煤温，铁路或水路的长途运输过程中必须严格定时定位定岗监测煤炭温度，尤其是煤炭堆的深处。② 定期进行表面通风，若运输过程中环境温度过高，可适度使用轻洒薄细水雾的方式来降温。③ 运输过程中切勿将煤炭堆放在动力舱或热力源附近，以免受影响而致使煤炭温度升高。

煤炭存放过程中也同样要严格防止自燃和火灾。

3. 散装液体化学品

散装液体化学品是指除了石油及石油制品，具有易燃易爆和/或其他危险性的液体货品。散装液体化学品中有的具有重大的火灾危险性，其危险程度超过石油及制品；有的除具有易燃性以外，还具有其他重大危险性，如毒性、腐蚀性、反应性和污染性；有的虽没有易燃的危险性，但具有上述所说的其他重大危险性。因此，散装液体化学品一般是由专门设计建造的船舶即"散化船"来承运，储运过程中的注意事项与要点可参照项目六任务一中的"危险货品"。

任务实施

任务书 3

　　每组同学扮演小明、春花、大风、秋月四位实习生，完成以下任务：

　　1. 了解常见的粗劣普通货品的范围。

　　2. 了解常见的粗劣普通货品的储运保管要求。

步骤 1：选一选——了解粗劣普通货品的范围

　　先阅读表 5-10 所示的货品类型，并思考这些货品是否属于粗劣普通货品范围，若是请用铅笔在货品右边的"选择"栏中直接写上该货品是粗劣普通货品中的气味货品还是易扬尘性货品，若不是则打叉；然后阅读前文的任务准备，检查自己的选择是否正确，如有错误，请用水笔或签字笔更正。

表 5-10　选择货品类型

货品	选择	货品	选择	货品	选择
醉螨农药		大蒜		硅酸盐膨胀水泥	
氨水/颜料		鞭炮		煤炭	
烤烟叶		丙烯酸地坪漆		羊肉片	

步骤 2：填一填——了解常见的粗劣普通货品的储运保管要求

在步骤 1 的基础上，从卷烟、制革生皮、水泥、煤炭或其他常见的粗劣普通货品中选择两种，认真思考并用铅笔填写表 5-11。然后阅读前文的任务准备，检查自己的选择是否正确，如有错误，请用水笔或签字笔更正。

表 5-11　填写货品储运保管要求

细项	粗劣普通货品 1：_____	粗劣普通货品 2：_____
包装要求		
出入库验收重点		
堆码苫垫要求		
温湿度要求		

小提示：可以回顾并参考前面所学的项目四。

任务评价

任务评价表

被考评组别：	被考评组别成员名单：			
考评内容：				
考评项目	分值	小组自我评价（30%）	其他组别评价（平均）（40%）	教师评价（30%）	合计（100%）
参与讨论的积极性	15				
语言表达	15				
任务完成情况	40				
团队合作精神	15				
沟通能力	15				
合　　计	100				

拓展提升

一、选择题

试题类型	不定项选择题	难度	低

1. 卷烟在保管中主要应（　　　）。

选项 A	防干燥

选项 B	防火		
选项 C	防潮		
选项 D	防霉		
选项 E	防污染		
试题类型	单项选择题	难度	低

2. 生皮运输必须有（　　　）。

选项 A	许可证
选项 B	检疫证书
选项 C	放行证
选项 D	合格证

二、填空题

试题类型	填空题	难度	低

1. 卷烟在储存保管中，常因库内温、湿度和其他方面的影响，发生_____、_____、_____、脱丝、空头等情况，因此，必须要经常检查，发现问题应采取相应的措施。

2. 装载水泥的货舱应干燥，舱室甲板和舱盖必须水密性良好，舱内排水系统应完好，并有良好的_____设施。

三、综合题

1. 利用课余时间，到超市观察或利用网络搜索一些教材里没有的货品标志和标记图案，可制成 PPT 进行课堂演示和分享。

2. 请三名到四名学生组成一个小组，每组选择一种货品，自行收集该货品的相关资料，寻找和设计出组内认为最佳的包装方案（要综合考虑包装材料、包装方式、包装标志和标记等多方面因素）以及从产地到北京的储存运输方案，并制作 PPT 在课堂上进行演示与分享。教师及其他学生作为听众和评委，予以点评和分析。

项目六 了解特殊货品

项目目标

1. 了解危险货品的分类及特性、包装、运输及保管方法。
2. 了解易腐性冷藏货品的特点及分类、运输及保管方法。
3. 了解常见的蔬果肉禽蛋及其制品，了解其储存方法。
4. 了解超限货品概念并了解其运输、储存管理。

任务一 了解危险货品

任务描述

　　小明、春花、大风、秋月四位同学在大顺发物流公司实习，今天主要是到公司的危险品仓库实习，由于商品性质特殊，所以四位同学既紧张又兴奋，为此大家也做了充分的准备。大顺发物流公司的危险品仓库面积较大，设备先进，库内的商品种类非常多，能为众多客户提供快捷、安全、高效的物流服务。刚到仓库，部门主管就给他们提出了要求，一定要注意安全，因为稍不注意可能就会导致重大的安全事故。主管也给他们布置了任务，让他们对库房内现有的危险货品进行分类，并了解各种危险货品的特性、包装、运输及保管方法。

任务目标

1. 了解危险货品的分类及特性。
2. 了解危险货品的包装、运输及保管方法。

任务准备

一、常见危险货品分类

危险货品是具有自燃、易燃、爆炸、腐蚀、毒害、放射性等性质的货品。

1. 爆炸性物质或物品

爆炸性物质或物品是指在外界作用下（如受热、受压、撞击等），能发生剧烈的化学反应，瞬时产生大量的气体和热量，使周围压力急骤上升，发生爆炸，对周围环境造成破坏的物品，也包括无整体爆炸危险，但具有燃烧、抛射及较小爆炸危险的物品。

2. 易燃气体、毒性气体

易燃气体是指与空气混合的爆炸下限小于10%，或爆炸上限和下限之差值大于20%的气体。常见的易燃气体有氢气、甲烷、丙烷、乙烯、乙烷等。

毒性气体泛指会引起人体正常功能损伤的气体。常见的毒性气体有氨气、氯气、一氧化碳、甲醛等。

3. 易燃液体

易燃液体是指易燃的液体、液体混合物或含有固体物质的液体。如汽油、乙醛、丙酮、苯、甲醇、环乙烷、氯苯、苯甲醚、乙烯防腐漆，但不包括由于其危险特性已列入其他类别的液体。

4. 易燃固体、易于自燃的物质和遇水放出易燃气体的物质

易燃固体是指燃点低，对热、撞击、摩擦敏感，易被外部火源点燃，燃烧迅速，并可能散发出有毒烟雾或有毒气体的固体，但不包括已列入爆炸品的物品。易于自燃的物质是指自燃点低，在空气中易发生氧化反应，放出热量，而自行燃烧的物品。遇水放出易燃气体的物质是指遇水或受潮时，发生剧烈化学反应，放出大量的易燃气体和热量的物品。有的不需明火，即能燃烧或爆炸，如硫黄、红磷、硝化纤维、樟脑和乙醇的混合物等。

5. 氧化性物质和有机过氧化物

氧化性物质是指处于高氧化态，具有强氧化性，易分解并放出氧和热量的物质。有机过氧化物是一种含有过氧基结构的有机物质，热稳定性较差。氧化性物质本身不一定可燃，但能导致可燃物的燃烧，与松软的粉末状可燃物能组成爆炸性混合物，对热、振动或摩擦较敏感。

6. 毒性物质和感染性物质

毒性物质和感染性物质进入肌体后，累积达一定的量，能与体液和器官组织发生生物化学作用或生物物理学作用，扰乱或破坏肌体的正常生理功能，引起某些器官和系统暂时性或持久性的病理改变，甚至危及生命。

7. 放射性物质和裂变性物质

放射性物质是指原子核能发生衰变、自然地向外辐射能量、发出射线的物质，如铀、钚等。裂变性物质是原子核能发生裂变、放出能量的物质。这两类物品我们在日常生活中几乎接触不到。

8. 腐蚀性物质

腐蚀性物质是指能灼伤人体组织并对金属等物品造成损坏的固体或液体。与皮肤接触在4 h内出现可见坏死现象，或温度在 55℃时，对 20 号钢的表面均匀年腐蚀度超过 6~25 mm 的固体或液体。

9. 杂项危险物质和物品

对于未列入分类明细表中的危险货品，可以参照已列出的化学性质相似、危险性相似的货品进行分类。

二、危险品标志

危险品包装标志（GB 190—2009）如图 6-1 所示。

第一类：爆炸性物质或物品

（符号：黑色，底色：橙红色）　（符号：黑色，底色：橙红色）　（符号：黑色，底色：橙红色）　（符号：黑色，底色：橙红色）

第二类：易燃气体、毒性气体

易燃气体　　　　易燃气体　　　　毒性气体
（符号：黑色，　（符号：白色，　（符号：黑色，
底色：正红色）　底色：正红色）　底色：白色）

第三类：易燃液体

（符号：黑色，底色：正红色）（符号：白色，底色：正红色）

第四类：易燃固体、易于自燃的物质、遇水放出易燃气体的物质

易燃固体　　　　　易于自燃的物质　　遇水放出易燃气体的物质　遇水放出易燃气体的物质
（符号：黑色，　　（符号：黑色，　　（符号：黑色，　　　　（符号：白色，
底色：白色红条）　底色：上白下红）　底色：蓝色）　　　　　底色：蓝色）

第五类：氧化性物质、有机过氧化物

氧化性物质　　　　　有机过氧化物　　　　　有机过氧化物
（符号：黑色，　　（符号：黑色，底色：　（符号：白色，底色：
底色：柠檬黄色）　　上红下柠檬黄）　　　　上红下柠檬黄）

第六类：毒性物质、感染性物质

毒性物质　　　　　　感染性物质
（符号：黑色，底色：白色）　（符号：黑色，底色：白色）

第七类：放射性物质、裂变性物质

放射性物质　　　放射性物质　　　放射性物质　　　裂变性物质
（符号：黑色，　（符号：黑色，　（符号：黑色，　（符号：黑色，
底色：上黄下白，底色：上黄下白，底色：上黄下白，底色：白色）
附一条红竖条）　附两条红竖条）　附三条红竖条）

第八类：腐蚀性物质　第九类：杂项危险物质和物品

（符号：黑色，底色：上白下黑）　（符号：黑色，底色：白色）

图 6-1　危险品包装标志

三、危险货品运输包装要求

（1）包装材料的材质、规格和包装结构与所装危险货品的性质和重量相适应。包装容器和拟装物不得发生危险反应或削弱包装强度。

（2）充装液体危险货品，容器应留有正常运输过程中最高温度所需的足够膨胀余位。易燃液体容器应至少留有 5% 空隙。

（3）液体危险货品要做到液密封口，对可产生有害蒸汽及易潮解或遇酸雾能发生危险反应的应做到气密封口。对必须装有通气孔的容器，其设计和安装应能防止货品流出或进入杂质水分，排出的气体不致造成危险或污染。其他危险货品的包装应做到密封不漏。

（4）包装应坚固完好，能抗御运输、储存和装卸过程中的正常冲击、振动和挤压，并便于装卸和搬运。

（5）包装的衬垫物不得与拟装物发生反应，降低安全性，应能防止内装物移动和起到减振及吸收振动的作用。

（6）包装表面应清洁，不得黏附所装物质和其他有害物质。

四、危险货品保管的基本要求

（1）选址：远离居民区、供水源、交通干线等下风向。

（2）设备管理：专库专用、定期进行安全评价。

（3）库场使用：分类分区存放。

（4）库场管理：做好入库验收，在装卸、搬运过程中，必须严格遵守安全操作规程，加强库房温湿度的控制与调节，加强日常保管检验和消防检查，对于放射性物品需要特型库房，墙壁厚度不少于 50 cm，内壁和天花板应采用拌有重量石粉的混凝土抹平，门窗应覆盖铅板。

（5）对危险品从业人员的要求：培训、考核上岗。

任务实施

任务书 1

每组同学扮演小明、春花、大风、秋月四位实习生，完成以下任务：

1. 思考表 6-1 中的货品应如何分类。

2. 按照步骤指示填写表 6-2。

步骤 1：了解货品特性

通过翻阅书籍或网络搜索等了解表 6-1 中各种货品的特性。

表 6-1　大顺发物流公司危险品仓库部分货品列表

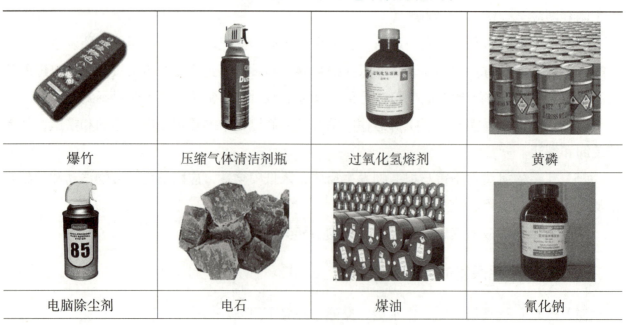

| 爆竹 | 压缩气体清洁剂瓶 | 过氧化氢熔剂 | 黄磷 |
| 电脑除尘剂 | 电石 | 煤油 | 氰化钠 |

续表

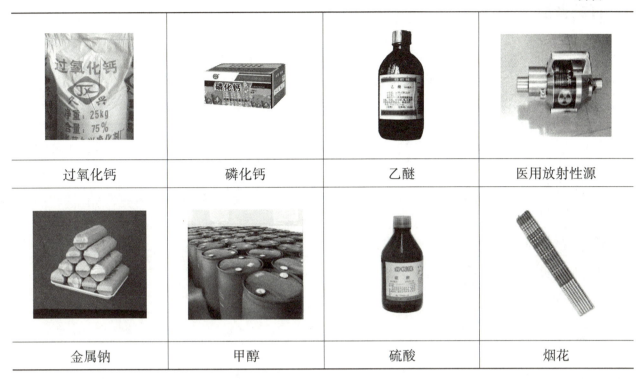

过氧化钙	磷化钙	乙醚	医用放射性源
金属钠	甲醇	硫酸	烟花

步骤2：货品归类

将表6-1中大顺发物流公司危险品仓库中的货品分类，填入表6-2。

表6-2 工作记录表

危险货品种类	货品
爆炸性物质或物品	
氧化性物质	
压缩气体	
易于自燃的物质	
遇水放出易燃气体的物质	
易燃液体	
毒性物质	
腐蚀性物质	
放射性物质	

任务评价

任务评价表

被考评组别：	被考评组别成员名单：				
考评内容：					
考评项目	分值	小组自我评价（30%）	其他组别评价（平均）（40%）	教师评价（30%）	合计（100%）
参与讨论的积极性	25				
语言表达	30				
任务完成情况	15				
团队合作精神	15				
沟通能力	15				
合　计	100				

拓展提升

一、选择题

试题类型	单项选择题	难度	难

1. 运输过程中，碳化钙（电石）可与（　　）混装。

选项 A	煤炭
选项 B	精选矿
选项 C	轻烧镁
选项 D	原木

2. 《国际海运危险货物规则》规定，危险货品包件上显示的危险货品图案标志为（　　）形状。

选项 A	正方形
选项 B	长方形
选项 C	菱形
选项 D	三角形

3. 无涂层的铝粉在空气中能迅速氧化，它在危险货品中属于（　　）。

选项 A	易于自燃的物质
选项 B	氧化性物质

选项 C	易燃固体
选项 D	毒性物质

4. 汽油属于危险品的（　　）类。

选项 A	氧化性物质和有机过氧化物
选项 B	毒性物质和感染性物质
选项 C	易燃液体
选项 D	腐蚀性物质

二、填空题

试题类型	填空题	难度	中

1. ＿＿＿＿＿＿＿＿是具有自燃、易燃、爆炸、腐蚀、毒害、放射性等性质的货品。

2. 爆炸性物质或物品是指在外界作用下（如受热、受压、撞击等），能发生剧烈的化学反应，瞬时产生大量的气体和＿＿＿＿＿＿，使周围压力急骤上升，发生＿＿＿＿＿＿，对周围环境造成破坏的物品。

三、综合题

试题类型	综合题	难度	高

1. 请说出日常生活中的哪些场合会看到危险品标志或相关提示。

2. 请在课余时间到学校附近的加油站观察，看是否张贴了一些安全注意事项的公告或警示。若有，请拍下来，并在课堂上进行分享。

任务二　了解易腐性冷藏货品

任务描述

小明、春花、大风、秋月四位同学今天来到"全家乐"超市，主要是到超市的冷藏区进行实地调查，由于冷藏区货品性质特殊，全部需要在低温下保存，所以该区域温度常年保持在较低水平，并根据不同货品的特点，设置不同的保管温度。本次调查的主要目的是了解"全家乐"超市冷藏区有哪些货品，以及不同货品对温度的要求等。

1. 了解易腐性冷藏货品的特点及分类。
2. 了解易腐性冷藏货品的运输及保管方法。

一、易腐性冷藏货品分类

冷藏货品是用常温以下的温度进行储藏。根据储藏温度的差别大致分为以下两类。

1. 冻结货品

冻结货品（frozen cargo）运输温度为−18～−20℃，如肉类、鱼类、黄油等，在长途运输中，以完全冻结的状态储藏，不需进行舱内换气。

2. 冷温货品

冷温是指不充分的冷冻状态，冷温货品（chilling cargo）的运输温度为−1～−2℃，就肉类讲，是指表面结成一层薄冻的程度。生鲜肉、鱼类的短途运输，以及用不致引起冻结的低温来储藏的鲜蛋、生鲜果实、酸奶等都采用冷温运输，如图6-2、图6-3所示。

图 6-2　冷鲜肉

图 6-3　酸奶

二、易腐性冷藏货品的防腐措施

易腐货品在流通、保管过程中需要适宜的储运环境、生存条件来维持其生命、生理状态或物态。易腐货品腐烂腐败的内在原因是微生物的破坏作用和货品自身的呼吸作用；而外部条件有环境、温度、湿度、卫生状况等。其他因素如采摘、装卸、搬运、包装质量等是影响内因的重要因素。因此防止易腐货品腐烂变质的措施，主要应从以下六个方面考虑。

1. 减免货品的机械损伤

在采摘、包装、搬运、堆码、存放、装卸等作业中，尽量防止货品破裂、折断、压碰、磨损，避免机械损伤。

2. 保持适当的温度

多数细菌繁殖最适宜的温度是25~35℃。低于25℃或高于35℃时，繁殖速度都会减慢。如一般细菌繁殖速度0℃比8℃时慢40倍；当温度达到100~120℃时，细菌会被全部杀死。−8~−12℃时，细菌繁殖会基本停止，−18℃以下繁殖完全停止。易腐货品在运输和存储中，通常采用控制温度的方法使货品获得均匀、稳定的低温，达到抑制细菌繁殖、防止易腐货品腐烂的目的。

3. 保持适当的湿度

微生物繁殖和呼吸作用还与湿度有关，湿度就是空气中含水蒸气的程度，通常用百分比表示。湿度越大细菌繁殖就越快，呼吸作用也越强。但若湿度过小，果菜自身的水分蒸发加快，则果菜易于干缩、枯萎，减轻货品重量，失去新鲜状态，并削弱其抗病能力，同样易造成腐烂。所以易腐货品在储运过程中始终保持适当的湿度是十分重要的。

4. 保持良好的卫生环境

良好的卫生环境可以减少易腐货品被微生物沾染的机会，所以用于存放易腐货品的地点、货品包装和其他运输设备都必须保持清洁，符合卫生条件。

5. 注意通风换气

通风换气的目的是保证货品呼吸作用的正常进行，及时通风换气可排除呼吸作用所放出的二氧化碳、水蒸气和热量，补充新鲜空气，防止缺氧。呼吸通风时间长短和时机，视货品状态、环境条件而定。

6. 组织快速运输

易腐货品发生腐烂、变质的过程，有化学变化、生物化学变化和生物变化，以上各种措施只能延缓货品的理化、生理、生化过程，而不能停止这些变化，因此缩短易腐货品的运输时间是保证易腐货品运输质量的一项重要措施。

三、易腐性冷藏货品的运输条件

表6-3是常见易腐性冷藏货品的运输条件。

表6-3 常见易腐性冷藏货品的运输条件

货品状态	货品名称	承运质量	承运温度/℃	适用包装	装载要求	机械冷藏车车内温度/℃	加冰冷藏车车内温度/℃
冻结货品	冻肉、冻鱼、冻虾、冻贝肉、冻畜禽副产品、冰蛋	色泽新鲜，气味正常	-10以下	纸箱、塑料编织袋，冻肉、冻鱼可不加包装	紧密堆码	-12～-9	-6以下
	冻结水果、蔬菜、冰淇淋、冰砖和雪糕	色泽新鲜	-15以下	纸箱	紧密堆码	-12以下	
	冰	块状，每块重量不少于25 kg，清洁无杂物		不加包装	紧密堆码		-1以下
冷温货品	夹冰鱼虾	色泽新鲜，气味正常，无腐烂变质现象	0～4	木箱、竹筐，鱼虾视季节和运距在包装内分层夹入碎冰，冰量为鱼重的30%～50%，为虾重的40%～70%	紧密堆码	-3～0	0以下
	贝类	色泽新鲜，气味正常，无腐烂变质现象	0～4	塑料编织袋	紧密堆码	-3～0	0以下
	冷却蛋	色泽新鲜，表面清洁，蛋壳无裂纹、长霉现象	0～5	木箱、花格木箱、纸箱	紧密堆码	0～3	0～8

任务实施

任务书2

每组同学扮演小明、春花、大风、秋月四位实习生完成以下任务：

选择一家超市冷藏区进行实际调查，调查项目包括：

1. 冷藏区货品的种类、各种货品对温度的要求。

2. 根据调查结果完成表6-4。

3. 根据所学易腐性冷藏货品的分类方法，将表6-4的商品进行分类，填入表6-5。

步骤 1：选择超市

先选择一家比较熟悉的超市进行调查，不同的小组最好不要选择同一家超市。

超市名称：_____

步骤 2：实地调查

利用课余时间去该超市的冷藏区，根据任务书 2 的要求将在冷藏区看到的货品及它们各自的冷藏温度填入表 6－4。

表 6-4　工作记录表 1

团队名称：_____　　　　组员名字：_____

货品名称	温度要求	货品名称	温度要求

步骤 3：商品归类

将在超市看到的冷藏货品分为冻结货品和冷温货品两类，并填入表 6-5。

表 6-5　工作记录表 2

易腐性冷藏货品种类	货品名称
冻结货品	
冷温货品	

任务评价

任务评价表

被考评组别：	被考评组别成员名单：			
考评内容：				
考评项目	分值	小组自我评价（30%）	其他组别评价（平均）（40%）	教师评价（30%）	合计（100%）
参与讨论的积极性	15				
语言表达	15				

续表

考评项目	分值	小组自我评价（30%）	其他组别评价（平均）（40%）	教师评价（30%）	合计（100%）
任务完成情况	40				
团队合作精神	15				
沟通能力	15				
合　　计	100				

拓展提升

一、选择题

试题类型	单项选择题	难度	低

1. 冰淇淋的承运温度是（　　　）。

选项 A	−10 ℃
选项 B	0~4 ℃
选项 C	−3~0 ℃
选项 D	−18 ℃

2. 生鲜鸡蛋的储藏温度应设置在（　　　）。

选项 A	−8~−12 ℃
选项 B	−18
选项 C	25~35 ℃
选项 D	0~5 ℃

二、填空题

试题类型	填空题	难度	低

1. _____是用常温以下的温度进行储藏。根据储藏温度的差别大致分为_____和_____两类。

2. 冻结货品（frozen cargo）运输温度为_____。
冷温是指不充分的冷冻状态，冷温货品的运输温度为_____。

三、综合题

试题类型	综合题	难度	高

　　请利用课余时间到学校附近的超市观察冷冻食品和冷藏食品的存放及管理情况，观察是否有不符合相关规定的现象。若有，请拍照记录下来制作成PPT，并在课堂上进行分享。

任务三　了解蔬果肉禽蛋及其制品

任务描述

　　小明、春花、大风、秋月四位同学今天接到新的任务，这次的任务是实地调查一家农贸市场，同学们都很兴奋，不过这次的目的与以往都不一样，主要是对农贸市场的蔬果肉禽蛋类商品进行调查，了解商品的种类及存储方法等，所以需要和不同的摊主进行交流，获取知识的同时，更能锻炼同学们的交流能力。

任务目标

1. 了解常见的蔬果肉禽蛋及其制品。
2. 了解蔬果肉禽蛋及其制品的储存方法。

任务准备

一、了解常见蔬菜

　　蔬菜是指可以做菜、烹饪成为食品的，除了粮食以外的其他植物。它是人们日常饮食中必不可少的食物之一，可提供人体所必需的多种维生素和矿物质。据国际粮农组织1990年的统计，人体必需的维生素C的90%、维生素A的60%来自蔬菜。此外，蔬菜中还有多种多样的植物化学物质，是人们公认的对健康有益的成分，如类胡萝卜素、二丙烯化合物、甲基硫化合物等。目前人们经研究发现，果蔬中的营养素及多种物质可以有效预防慢性、流行性疾病的发作。我国常见蔬菜分类如表 6-6 所示。

表 6-6 我国常见蔬菜分类

类别	常见蔬菜明细	常见蔬菜图片
叶菜类	白菜，天葵，甘蓝，青菜，小青菜，包菜，紫甘蓝，生菜，菠菜，韭菜，韭黄，韭菜花，蒜苗，芹菜，水芹，龙须菜，苦菊，菊花脑，莜麦菜，人参菜，黄秋葵，富贵菜，台湾番薯叶，紫背菜，空心菜，茼蒿，苋菜，香椿，冲菜，贡菜，娃娃菜，芥蓝，广东菜心，荠菜，茴香，马齿苋，莼菜，金花菜，发菜，木耳叶，海带，紫菜，海白菜，蕹菜，芥菜，结球莴苣，米苋，葱，香菜，雪里蕻，油菜，瓢儿菜，辣根，罗汉菜，豆芽等	韭菜 大白菜 包菜 空心菜 菜心 菠菜
根茎类	萝卜（白萝卜，胡萝卜，水萝卜），大葱，小葱，蒜，洋葱，生姜，洋姜，莲菜，蒜薹，韭菜薹，莴笋，山药，芋头，魔芋，土豆，红薯，凉薯，桔梗丝，宝塔菜（地瘤），芦笋，竹笋，牛蒡，茭白，鱼腥草，荞头，鲜榨菜，荸荠，菱角，蕨菜，莴苣，慈姑，金针菜，石刁柏（芦笋幼苗），大头菜（根用芥菜），芜普，芜菁甘蓝，根用甜菜，豆薯，葛，球茎甘蓝，百合，莲藕等	生姜 土豆 大蒜 番薯 山药 莲藕
果菜类	辣椒（菜椒，青椒，尖椒，甜椒，朝天椒，螺丝椒），南瓜，金南瓜，冬瓜，苦瓜，乳瓜，黄瓜，丝瓜，佛手瓜，菜瓜，胡瓜，瓠瓜，西葫芦，番茄，茄子，芸豆，豇豆，豌豆，架豆，刀豆，扁豆，青豆，毛豆，玉米，玉米尖，蚕豆，菜豆，眉豆，四棱豆，蛇瓜等	南瓜 黄瓜 苦瓜 玉米 辣椒 毛豆
菇菌类	木耳，银耳，地耳，石耳，平菇，草菇，口蘑，猴头菇，金针菇，香菇，鸡腿菇，竹荪，凤尾菇，茶树菇，杏鲍菇，秀珍菇，猪肚菇，裙带菜等	木耳 茶树菇 金针菇 杏鲍菇 猴头菇 香菇

二、了解日常水果

水果是指多汁且有甜味的植物果实，不但含有丰富的营养且能够帮助消化。是对部分可以食用的植物果实和种子的统称，我国常见水果分类如表 6-7 所示。

表 6-7 常见水果分类

类别	常见水果明细
瓜类	西瓜，美人瓜，甜瓜，香瓜，黄河蜜，哈密瓜，木瓜，乳瓜等
浆果类	草莓，蓝莓，黑莓，桑葚，覆盆子，葡萄，青提，红提，水晶葡萄，马奶子等
柑橘类	蜜橘，砂糖橘，金橘，蜜柑，甜橙，脐橙，西柚，柚子，葡萄柚，柠檬，文旦，莱姆等
核果类	桃（油桃，蟠桃，水蜜桃，黄桃），李子，樱桃，杏，梅子，杨梅，西梅，乌梅，大枣，沙枣，海枣，蜜枣，橄榄，荔枝，龙眼（桂圆），槟榔等
仁果类	苹果（红富士，红星，国光，秦冠，黄元帅），梨（砂糖梨，黄金梨，莱阳梨，香梨，雪梨，香蕉梨），蛇果，海棠果，沙果，柿子，山竹，黑布林，枇杷，阳桃，山楂，圣女果，无花果，白果，罗汉果，火龙果，猕猴桃等
其他水果	菠萝，杜果，栗子，椰子，奇异果，番石榴，榴梿，香蕉，甘蔗，百合，莲子，石榴，核桃，拐枣等

我国常见水果产地及保存要求如表 6-8 所示。

表 6-8 常见水果产地及保存

名称	图片	主要产地特点及保存要求	名称	图片	主要产地特点及保存要求
杨梅		福建、广东、海南等地，冷藏库保存 2~3 天	鲜橘		广东、广西、福建，11~12℃，保存 3~7 天
柿子		广西、福建，常温下保存 1~2 天	沙田柚		广西、广东梅州市一带，常温下保存 5~7 天
龙眼		广东、广西、福建、四川、台湾等地，常温下保存 2~3 天	哈密瓜		新疆，常温下保存 2~3 天

名称	图片	主要产地特点及保存要求	名称	图片	主要产地特点及保存要求
阳桃		台湾、广东，冷藏库保存 2~3 天	西瓜		江西、海南、福建，12~15℃，保存 5~7 天
脐橙		四川、湖北、江西，冷藏库保存 10~15 天	杧果		海南、广东、福建，常温下保存 3~4 天
草莓		中国中部、西部、新疆、山东，冷藏库保存 2~3 天	香蕉		海南、广东，常温下保存 2~4 天
葡萄		中国西部、中部，新疆、山东等地，冷藏库保存 5~7 天	荔枝		广东、广西、福建，常温下保存 2~3 天
苹果（红富士）		山东、陕西、东北，冷藏库保存 7 天，常温下保存 3 天	枇杷		台湾、浙江，常温下保存 2~3 天
梨		河北、山东、河南、天津，冷藏库保存 5~7 天	李子		广东、广西、江西，冷藏库保存 3~5 天
水蜜桃		四川、北京，冷藏库保存 5~6 天			

三、了解蔬菜水果的保鲜技术

1. 产地储藏保鲜

产地储藏保鲜是利用当地的气候条件，创造蔬菜适宜的温度、湿度环境并利用土壤的保温作用，来实现蔬菜的保鲜，在储藏中需要定期通风换气。产地储藏是我国的传统方法，如四川南充地区的地窖、湖北兴山的山洞储藏柑橘；山东烟台、福山等地的地窖储藏苹果；西北黄土高原地区的窑洞储藏苹果、梨等。这是一种投资少、管理简单、就地储藏和能耗少的储藏方法，不仅应用于蔬菜的储藏，也广泛应用于各种水果的储藏。

2. 温控储藏保鲜

（1）冷藏保鲜。冷藏是现代化水果蔬菜储藏的主要形式之一，是采用高于水果蔬菜组织冻结点的较低温度实现水果蔬菜的保鲜。可在气温较高的季节周年进行储藏，以保证果品的周年供应。低温冷藏可降低水果蔬菜的呼吸代谢、病原菌的发病率和果实的腐烂率，达到阻止组织衰老、增长果实储藏期的目的。如图6-4所示。但在冷藏中，不适宜的低温反而会影响储藏寿命，使蔬果丧失商品及食用价值。防止冷害和冻害的关键是按不同水果蔬菜的习性，严格控制温度，冷藏期间有些水果蔬菜如鸭梨需采用逐步降温的方法以减轻或不发生冷害。此外，水果蔬菜储藏前的预冷处理、储期升温处理、化学药剂处理等措施均能起到减轻冷害的作用。

图6-4　冷藏保鲜水果

近年来，冷藏技术的新发展主要表现在冷库建筑、装卸设备、自动化冷库方面。计算机技术已开始在自动化冷库中应用，目前日本、意大利等发达国家已拥有10座世界级的自动化冷库。我国主要蔬菜、水果的储藏温度及推荐储存时间可参见表6-9、表6-10。

表 6-9　我国主要蔬菜储藏温度及推荐储存时间

品种	储藏温度/℃	储藏时间	品种	储藏温度/℃	储藏时间
黄瓜	8~10	1~2 周	胡萝卜	0~1	4~8 个月
甜瓜	5~10	1~4 周	红萝卜	0~1	1~4 周
菠菜	0~1	1~2 周	白萝卜	0~1	4~5 个月
南瓜	10~13	2~5 周	茴香	0~1	1~2 周
丝瓜	5~8	1~3 周	干洋葱	−1~0	6~8 个月
苦瓜	5~8	3~4 周	大蒜	−4~1	6~12 个月
冬瓜	10	1~3 周	蒜薹	−1~0	6~10 个月
佛手瓜	7	4~6 周	青葱	0~1	1~2 周
冬西葫	10~13	2~6 周	姜	13	4~6 个月
夏西葫	8~10	1~2 周	蘑菇	0	7~10 天
绿番茄	12~15	1~2 周	玉米	0~1	4~8 天
红番茄	8~10	1 周	嫩马铃薯	4~5	1~2 个月
茄子	8~12	3~4 周	老马铃薯	4~5	4~9 个月
青椒	7~10	2~4 周	大白菜	0~1	1~3 个月
绿甘蓝	0~1	3 个月	豌豆	0~1	1~3 周
白甘蓝	0~1	6~7 个月	青豆	7~8	1~2 周
花椰菜	0~1	2~4 周	蚕豆	0~1	2~3 周
芹菜	0~1	1~3 个月	扁豆	2~4	2~3 周
莴笋	0~1	1~4 周	刀豆	2~4	2~3 周
菊苣	0~1	2~4 周	甜菜头	0~1	3~8 个月

表 6-10　我国主要水果储藏温度及推荐储存时间

品种	储藏温度/℃	储藏时间	品种	储藏温度/℃	储藏时间
苹果	0~2	4~6 个月	香蕉	13~14	14 周
梨	0~0.5	28~42 天	草莓	0	5~7 天
桃	0~4	2~5 周	苦柚	10~15	6~8 周
西瓜	10~15	2~3 周	杧果	13	2~3 周
橙子	0~1	3~8 周	番木瓜	7~13	1~3 周
橘子	4	2~4 个月	番荔枝	13	2~4 周
柿子	−1	3~4 个月	龙眼	1.5	3~5 周
猕猴桃	8~10	10 天	樱桃	−1	2~3 周
葡萄	−2~0	4~6 个月	杏	0~1	4~5 周

（2）控制冰点储藏保鲜。在冰点温度下对食品进行保鲜的新方法称为控制冰点储藏法。运用此方法保存的水果蔬菜新鲜如初，未发现细菌败坏或变质现象，有害微生物繁殖甚微。

3. 气调储藏保鲜

气调储藏是以改变储藏环境中的气体成分（通常是增加 CO_2 浓度和降低 O_2 的浓度以及根据需求调节其他气体浓度）来实现长期保存新鲜果蔬的储藏方式。自 1918 年英国科学家发明苹果气调储藏法以来，气调储藏在世界各地得到普遍推广，并成为工业发达国家果品保鲜的重要手段。美国和以色列柑橘总储藏量的 50% 以上是采用气调储藏；新西兰的苹果和猕猴桃气调储藏量为总储藏量的 30% 以上；英国的气调储藏能力为 22.3 万 t。

（1）CA 气调储藏保鲜。CA 气调储藏保鲜是利用机械设备，人为地控制气调冷库储藏环境中的气体，实现水果蔬菜保鲜。气调库要求精确调控不同水果蔬菜所需的气体组分浓度及严格控制温度和湿度。温度可与冷藏库储藏温度相同，或稍高于冷藏的温度，以防止低温伤害。气调与低温相结合，保鲜效果（色泽、硬度等）比普通冷藏好，保鲜期明显延长。

（2）MA 气调储藏保鲜。MA 气调储藏保鲜也称 MA 自发气调保鲜，它根据食品的生理特性和保鲜的需要，使食品处于适合比例的包装中储藏，以延长其保鲜期。这种方法被广泛应用于新鲜果蔬等保鲜，其使用率以每年 20% 的速度增长。气调包装是指根据食品性质和保鲜的需要，将不同配比的气体充入食品包装容器内，使食品处于适合的气体中储藏，以延长其保质期。常用的气体主要有二氧化碳、氧气，有时也会使用二氧化硫和二氧化氮。

（3）塑料薄膜帐气调储藏保鲜。塑料薄膜帐气调储藏保鲜是将水果蔬菜放在用塑料薄膜帐造成的密封环境中实现气调保鲜。气调的方法分为两类，一是自然氧法，通过水果蔬菜的呼吸作用，使帐内逐步形成所需低氧、高二氧化碳气体浓度，由于塑料薄膜具有一定的透气性，从而实现简易调气；还可利用具有选择性透气的硅橡胶薄膜，在帐上开一定面积的窗口来自动调气，为防止二氧化碳过多积累，可在帐内用硝石灰来吸收二氧化碳。二是人工降氧法，即利用降氧机、二氧化碳脱除机来调气。此方法主要在美国、法国等国家使用。目前，我国上海、天津、辽宁、山东、陕西和北京等地早已开始使用。

4. 臭氧保鲜

臭氧保鲜是把臭氧气体应用在冷库中进行果蔬保鲜储藏的一种方法。它通过臭氧强力的氧化性，进行杀菌、消毒、除臭、保鲜。由于臭氧具有不稳定性，将其用于冷库中辅助储藏保鲜更为有利，因为它分解的最终产物是氧气，在所储食物果品里不会留下有害残留。

在世界范围内，将臭氧在冷库中应用已有近百年的历史。1909 年，法国德波堤冷冻厂使用臭氧对冷却的肉杀菌。我国应用臭氧冷藏保鲜起步较晚，随着臭氧发生器制造技术的完善，臭氧在冷库中应用越来越广泛。

四、了解常见蔬菜水果的包装技术

水果和蔬菜的新陈代谢速度，对温度和环境是非常敏感的。除了采取冷藏措施对水果、蔬菜进行保鲜储存以外，妥善的包装可以防护产品免受外界和微生物的侵袭，防止产品在搬运时遭受机械损伤，并可以防止产品因脱水干燥而萎蔫。但是水蒸气透过率过低的包装，会造成包装内的相对湿度较高，加速微生物增殖的速度，从而加快产品的败坏。新的包装技术已经达到可以人为地控制包装容器内部的气体比例，以减缓水果蔬菜的呼吸速度，有效地延长产品的储存期。

水果、蔬菜的包装方式应根据产品的形状和容易腐烂的程度来决定。大体上可以将果蔬产品分为如下五种类型：软性水果、硬质水果、茎类蔬菜、块根蔬菜和绿叶类蔬菜。

软性水果是最容易腐烂的，这类产品最好采用半刚性容器包装，同时盖上玻璃纸、醋酸纤维素或聚苯乙烯等薄膜，同时，应当具有适当的水蒸气透过性，以防止包装内部生雾。在搬运时，要特别注意防止一切撞伤和压伤。有些品种的浆果即使在包装完善的条件下也仅能保鲜2~3天，这类水果有红醋栗、葡萄、紫黑浆果、杨梅、树莓、李子、水蜜桃等。

硬质水果比较能够承受压力，它们的呼吸速度较慢，不容易腐败。其储存期通常可以达到数周以上。最普遍的包装方式是采用浅盘并裹包塑料薄膜，或者连同水果和浅盘一起套入纸板盒中。也可以将硬质水果装入塑料袋或网兜里。常见的硬质水果有苹果、梨、香蕉、柑橘、桃子等。

茎类蔬菜很容易败坏，因为它们脱水速度很快。这类蔬菜应采用防潮玻璃纸或聚乙烯塑料薄膜裹包，同时要求能够换气，以免造成厌氧性腐败，也可以采用聚氯乙烯等热收缩薄膜裹包。典型的茎类蔬菜如芹菜、芦笋等。

块根蔬菜不容易败坏，储存期比较长，但应防止它们脱水。通常，先经过洗净，分等级，然后装入聚乙烯塑料袋。属于这一类的蔬菜有胡萝卜、萝卜、甜菜、土豆、葱头、山药和白薯等。白薯对光线很敏感，受光线照射后会发青，因此往往将包装薄膜加以印刷以避光。

绿叶类蔬菜很容易脱水干燥，造成萎蔫，因而需用防潮材料包装，同时，这类蔬菜的呼吸速度很快，而且很怕缺氧，因此，包装材料的换气性也是非常重要的。属于这类蔬菜的有包心菜、菠菜、空心菜和苋菜等。

五、了解常见家禽

家禽是指经过人类长期驯化和培育，在家养条件下正常繁衍并能为人类提供肉、蛋等产品的鸟类，主要包括鸡、鸭、鹅、鸽子等。家禽除为人类提供肉、蛋外，它们的羽毛和粪便也有重要的经济价值。

1. 鸡

鸡是人类饲养最普遍的家禽。家鸡源于野生的原鸡，其驯化历史至少有 4000 年，但直到 1800 年前后，鸡肉和鸡蛋才成为大量生产的商品。

典型家鸡的毛色都是棕色，如图 6-5 所示，雄鸡的毛色较偏向深红及有光泽，而且尾部的羽毛颜色呈深绿色、深蓝色等较鲜艳的颜色，这些羽毛亦较长及向下垂；母鸡的体色则较单调，羽毛没有光泽，尾部羽毛亦较短且没有雄鸡的鲜艳羽毛。在体形上，雄鸡比母鸡稍大，母鸡整体上较雄鸡胖。由于翅膀较一般鸟类短小，故其飞行能力较为薄弱，仅能短暂飞行，但它们的奔跑能力很强。

成年后的鸡的头上至下喙都长有如火焰形状的肉冠，雄鸡的肉冠较大且较红，母鸡的肉冠则比较小且颜色较淡。

图 6-5　家鸡

鸡的种类有火鸡、乌鸡、野鸡等。比较有名的鸡有三黄鸡、如东狼山鸡、泰和鸡、浦东鸡、萧山鸡、金门土鸡、石崎鸡、乌骨鸡、珍珠鸡等。

2. 鸭

鸭是人类饲养的主要家禽之一。鸭肉和鸭蛋可食用，鸭的羽毛可以加工成为保温材料。鸭科动物均为游禽，通常体形比天鹅和鹅小，人们在淡水和咸水中都可以看见它们的身影，如图 6-6 所示。人类按照一定的经济目的，经过长期驯化和选择将其培育成三种用途的品种，即：肉用型，具有代表性的是北京鸭、樱桃谷鸭、狄高鸭、番鸭、天府肉鸭；蛋用型，有绍兴鸭、金定鸭、攸县麻鸭、江南 1 号、江南 2 号、咔叽-康贝尔鸭等；兼用型，有高邮鸭、建昌鸭、巢湖鸭、桂西鸭等。

图 6-6　鸭

3. 鹅

鹅被认为是人类驯化的第一种家禽，如图 6-7 所示。鹅是食草动物，鹅肉是理想的高蛋白、低脂肪、低胆固醇的营养健康食品。

鹅根据其不同的用途，可以分为羽绒用型、蛋用型、肉用型、肥肝用型。各品种的鹅均产羽绒，在鹅的品种中，以皖西白鹅的羽绒洁白、绒朵大而品质最好，但其产蛋较少，繁殖性能差。肉鹅主要有四川白鹅、皖西白鹅、浙东白鹅、马岗鹅、士乐鹅、溆浦鹅、豁鹅、太湖鹅等。而肥肝型鹅主要有国外的自德鹅、图卢兹鹅，国内品种主要有狮头鹅、鞘浦鹅。这类鹅经填饲后的肥肝重达 600 g 以上，优异的达 1 000 g 以上。

4. 鸽子

鸽子是一种常见的鸟，如图 6-8 所示。世界各地广泛饲养，鸽是鸽形目鸠鸽科数百种鸟类的统称。人们平常所说的鸽子只是鸽属中的一种，而且是家鸽。鸽子和人类伴居已经有上千年的历史了。

图 6-7　鹅　　　　　　　　　　　　　图 6-8　鸽子

鸽子的营养价值极高，既是名贵的美味佳肴，又是高级滋补佳品。鸽子蛋则被人称为"动物人参"，它含有丰富的蛋白质。

六、了解家禽的运输

1. 运输前的准备

（1）检查车辆及有关设备。检查车厢内有无大漏洞、铁钉或其他尖锐突出物，备齐上下车用的活动踏板、照明设备、防晒、防寒、饮水、饲料等物品。车厢、踏板等所有接触家禽的物品都要清洗、消毒。然后，填写《动物及动物产品运载工具消毒证明》，填写项目主要有：货主、承运单位、运载工具名称、运载工具号码。装运前要经过消毒，并填写所用消毒药物名称、使用的浓度和消毒方法；消毒单位填写实施消毒的单位名称。

（2）运输检疫。运输检疫可通过望、听、摸、测等方法来进行。望：重点观察家禽的精神状态、羽毛、呼吸等情况。健康家禽精神活泼，眼有神，行走有力，头冠鲜红，两翅紧贴，羽毛光亮，采食敏捷，肛门周围干净，无粪便污物。凡低头呆立，两翅下垂，头插入翅内，羽毛蓬乱，冠和肉髯发白或发紫，闭眼打盹儿，眼角有黏性分泌物，肛门周围有污粪，尾部潮湿，采食少或拒食均为患病的表现。听：主要是听叫声和呼吸声。健康家禽的叫声洪亮，发出的呼吸音是十分均匀细小的"嘶嘶"声，不易听出，呼吸次数为 25～35 次/分。当家禽发生呼吸道传染病时，呼吸频率加快，呼吸音较粗，可听到"呼噜""咔咔""嘎嘎"的异常呼吸音，或出现张口喘气、叫声嘶哑等。摸：主要是触摸禽体表面有无结节和淋巴结是否肿胀，凡体表面有结节或淋巴结肿胀者均为病禽。测：主要是测体温，发现疑似病禽时，要测试体温，凡体温低于 39.5 ℃或高于 42.5 ℃时即为病禽。

当发现高致病性禽流感等重大动物疫病时，需立即上报当地有关部门采取就地隔离、消毒及无害化处理等防控重大动物疫病的综合措施，严防疫情扩散。

经检疫合格的家禽，要填写《动物检疫合格证明》。项目有：畜主姓名、动物种类、产地（填写乡镇和村的名称）、单位、数量、免疫证号（填写《动物免疫证》登记的免疫编号）、用途（视情况填写，如种用、饲养、屠宰、试验等）、有效期（一般为 1~2 天，最长不超过 7 天）。

出县境动物的运输凭《动物检疫合格证明》换取《出县境动物检疫合格证明》。此证中"动物种类""单位""用途"等的填写同《动物产地检疫合格证明》；"数量"填写同一车次运输家禽的数量；"启运地点""到达地点"填写起始和到达地点的县名，调运动物出省时，在填写起止县名之前冠以省名；"有效期"视运抵所需时间填写，最长不得超过 7 天。

2. 装车

（1）避免惊吓，谨慎装车。运输时间超过 24 h，装运前要喂 1 次食，喂至 7 成饱即可。装车环境尽量安静，夜晚装车时，要有充分的照明设备，避免大声喧哗，禁止击打、硬拖等粗暴行为。

（2）分笼（分层）装家禽，严禁挤压。无论何种运载工具都应分笼装载，根据汽车的载重量和每一层的家禽数量和重量决定所分层数和笼数。

3. 运输家禽

（1）稳妥行驶。在行车途中，要保持车辆平稳，避免剧烈颠簸、紧急刹车等可能引起家禽惊慌、乱撞和互相挤压的现象。

（2）调节空气，定时喂饮。运输途中要注意调节车厢（棚）内空气，保持空气清新。长途运输每隔 8 h 左右要饮水和喂食 1 次，可用配合饲料，夏天注意供给饮水，必要时往禽体上洒水降温。

4. 卸车

到达目的地后，首先要将随车携带的《动物产地检疫合格证明》《出县境动物检疫合格证明》《非疫区证明》《动物及动物产品运载工具消毒证明》等有关证件交当地动物检疫部门复检。复检合格，核对证物相符后方可卸车。卸车前要搭好踏板，卸家禽要缓慢进行，不得强拉硬推乱摔，以免造成外伤事故。卸完家禽后要将货车里的粪便污物卸在指定的粪便处理池内，并将所有接触过家禽的设备进行清洗消毒，无害化处理。

七、了解常见禽蛋

各种禽蛋的结构都很相似，主要由蛋壳、蛋清、蛋黄三部分组成。

禽蛋的营养成分比较全面而均衡，人体所需要的营养素几乎都有，而且易于消化吸收，是人类理想的天然食品。在天然食品中，禽蛋蛋白质的氨基酸组成与人体组织蛋白质最为接近，因此，生理价值最高。如全鸡蛋蛋白质的生理价值为 94，蛋黄为 96，约是一般谷类食物蛋白质的 1.3 倍，豆类的 1.6 倍，鱼和肉类的 1.2 倍，奶类的 1.1 倍。蛋类脂肪中不饱和脂肪酸含量也较高，如鸡蛋含58%，鸭蛋含62%。

此外，禽蛋中所含的铁，不仅量多，而且利用率高，鸡蛋中的铁可全部被人体吸收利用，有补血功效。

当然，禽蛋含有较多的胆固醇，也是对人体不利的一面，但其危害有多大，也与吃蛋的方式有关。

八、了解常见禽蛋的包装、储存、运输

1. 禽蛋包装技术

首先要选择包装材料，包装材料应力求坚固耐用、经济方便。可以采用木箱、纸箱、蛋托和与之配套用的蛋箱。

（1）普通木箱和纸箱包装鲜蛋：木箱和纸箱必须结实、清洁和干燥。每箱以包装鲜蛋300~500枚为宜。包装所用的填充物，可用切短的麦秆、稻草或锯末屑、谷糠等，但必须干燥、清洁、无异味。包装时先在箱底铺上一层5~6 cm厚的填充物，箱子的四个角要稍厚些，然后放上一层蛋，蛋的长轴方向应一致，排列整齐，不得横竖乱放。在蛋上再铺一层2~3 cm的填充物，再放一层蛋。这样一层填充物一层蛋直至将箱装满，最后一层应铺5~6 cm厚的填充物后加盖。木箱盖应用钉子钉牢固，纸箱则应将箱盖盖严，并用绳子包扎结实。最后注明品名、重量并贴上"请勿倒置""小心轻放"的标志。

（2）利用蛋托和蛋箱包装鲜蛋：蛋托是一种塑料制成的专用蛋盘，如图6-9所示，将蛋放在其中，蛋的小头朝下，大头朝上，呈倒立状态，每蛋一格。蛋托可以重叠堆放而不致将蛋压破。蛋箱是蛋托配套使用的纸箱或塑料箱。利用此法包装鲜蛋能节省时间，便于计数，破损率小，蛋托和蛋箱可以经消毒后重复使用。

图6-9   专用纸盒蛋托

2. 禽蛋储存方法

（1）冷藏法。冷藏法是利用冷藏环境中的低温抑制微生物的生长繁殖和蛋内酶的作用，延缓蛋内的生化变化，以保持鲜蛋的营养价值和鲜度。鲜蛋冷藏前要先经过检验，剔出粪

污、霉污、破损等次劣蛋。冷藏时，鲜蛋要经过预冷。因为蛋的内容物是半液体状态的物质，骤冷，内容物收缩，蛋内压力降低，空气中的微生物就会随着空气进入蛋内，使鲜蛋逐渐变质。预冷使蛋的温度降至1~2℃。将鲜蛋纵向排列且最好大头向上（蛋纵轴耐压性较横轴强），并要把质量好的、较长时间保藏的靠里边存放；质量较次的、短期存放的放在外边。此外，蛋能吸收异味，尽可能不要与鱼类等有异味的原料同室冷藏。

鲜蛋在冷藏期间，室内温度低可以延缓蛋的变化。但温度低也会造成蛋的内容物冻结，并且膨胀而使蛋壳破裂。根据实际情况，温度一般保持在0℃比较合适，不得低于-2℃，相对湿度为82%~87%。在冷藏期间，要特别注意控制和调节温度、湿度，温度、湿度忽高忽低，会加快细菌的繁殖速度或使盛器受潮而影响蛋的品质。

冷藏虽然比其他保藏方法好，但时间不宜过长，否则同样会使蛋变质。一般在春、冬季节，蛋可储存4个月，在夏、秋季节，蛋的储存不超过4个月，就要出库。

（2）浸渍法。浸渍法的基本原理是利用化学反应产生不溶性沉积物质，堵塞蛋壳气孔。一般采用石灰水法、水玻璃法或涂膜法等。

石灰水法是利用蛋内呼出的二氧化碳和石灰水作用生成不溶性的碳酸钙，凝结于蛋壳上，将蛋壳的气孔闭塞，从而阻止微生物的侵入。这种方法费用较低、设备简易，可将鲜蛋储存8个月左右。

水玻璃法中采用的水玻璃又名泡花碱，其化学名称为硅酸钠，是一种不挥发性的硅酸盐溶液。鲜蛋浸过玻璃溶液后，硅酸胶体就包围在蛋壳外面，形成一层薄的干涸水玻璃层，闭塞气孔，使蛋内水分不易蒸发，减弱蛋内的呼吸作用，同时又阻止微生物侵入。通常在20℃的室温条件下，鲜蛋可储存4~5个月。

涂膜法是将液状石蜡、矿物油、聚乙烯醇等被覆剂涂布在鲜蛋蛋壳表面堵塞蛋壳气孔，以阻止蛋内逸出二氧化碳和微生物侵入蛋内。

3. 禽蛋运输方法

（1）运输工具必须清洁、无异味、无漏水，防止日晒雨淋、受热受潮，气温较高或较低季节要用保温车（船）运输，出口的冷藏蛋一律使用保温车（船）运输，以防止鲜蛋"出汗"或变质。

（2）在运输过程中应尽量做到缩短运输时间，减少中转。根据不同的距离和交通状况选用不同的运输工具，做到快、稳、轻。"快"就是尽可能减少运输中的时间；"稳"就是减少震动，选择平稳的交通工具；"轻"就是装卸时要轻拿轻放。

此外还要注意以下事项：蛋箱要防止日晒雨淋；冬季要注意保暖防冻，夏季要防止受热变质；运输工具必须清洁干燥；凡装运过农药、氨水、煤油及其他有毒和有特殊气味货品的车船，应经过消毒、清洗后没有异味时方可运输。

任务实施

任务书3

每组同学扮演小明、春花、大凤、秋月四位实习生，完成以下任务：

1. 选择一家农贸市场进行实际调查。
2. 调查项目包括：市场内商品的种类、各种商品的储存条件。
3. 根据调查结果完成表6-11、表6-12。

步骤1：选择农贸市场

选择附近的一家农贸市场进行调查，不同小组最好不要选择同一家农贸市场。

农贸市场名称：_____

步骤2：实地调查

小组成员一起到该农贸市场，根据任务书3的要求进行调查，包括商品的种类，各种商品的储存条件，并按照要求将调查结果填入表6-11、表6-12。

表6-11　工作记录表1

团队名称：_____　　农贸市场名称：_____

组员名字：_____

类别	商品明细
果菜类	番茄
根茎类	番薯
叶菜类	菠菜
菌菇类	香菇
肉类	猪肉
水果	苹果
禽类	鸡肉
蛋类	鸡蛋
其他	豆腐

表 6-12　工作记录表 2

类别	储存条件
果菜类	
根茎类	
叶菜类	
菌菇类	
肉类	
水果	
禽类	
蛋类	
其他	

任务评价

任务评价表

被考评组别：	被考评组别成员名单：			
考评内容：				
考评项目	分值	小组自我评价（30%）	其他组别评价（平均）（40%）	教师评价（30%）	合计（100%）
参与讨论的积极性	15				
语言表达	15				
任务完成情况	40				
团队合作精神	15				
沟通能力	15				
合　　计	100				

拓展提升

一、选择题

试题类型	单项选择题	难度	低
1. 土豆属于（　　）类蔬菜，储藏温度为（　　　），储藏时间为（　　　）。			
选项 A	根茎类，4~5℃，4~9 个月		

选项 B	果菜类，0~1℃，4~9周
选项 C	叶菜类，12~15℃，1~2个月
选项 D	根茎类，10~13℃，1~2个月

2. 荔枝属于（　　）类水果，主要产地为（　　），储藏温度为（　　），储藏时间为（　　）。

选项 A	瓜类，广东，10~15℃，2~3周
选项 B	核果类，广东，13℃，2~4周
选项 C	浆果类，新疆，−2~0℃，4~6个月

3. 下列不属于公路运输的鲜活易腐货品的是（　　）。

选项 A	蔬菜
选项 B	蜜蜂
选项 C	水果
选项 D	木材

二、填空题

试题类型	填空题	难度	低

1. 水果、蔬菜的包装方式应根据产品的_____和容易_____的程度来决定。大体上可以将果蔬产品分为如下五种类型：_____水果、_____水果、_____蔬菜、___类蔬菜和_____类蔬菜。

2. 家禽除为人类提供肉、蛋外，它们的_____和_____也有重要的经济价值。

三、综合题

试题类型	综合题	难度	高

1. 小红家的猕猴桃果园里，眼看猕猴桃快要成熟了，果园里的鸡也下了非常多的鸡蛋。小红想把猕猴桃、鸡蛋放在网上卖，但是却不知道如何对这些农产品进行包装以安全顺利寄到客户手中。请你为小红家猕猴桃、鸡蛋设计运输包装和商业包装，并在课堂上进行展示。

2. 在课余时间到学校附近的农贸市场或超市观察当前主要销售哪些水果，再与家人沟通或上网查询，以了解其中哪些水果是本地当季出产的，哪些又是外地生产的；若是外地生产的水果，请上网搜索该类水果的详细信息，并在课堂上进行分享。

任务四 了解超限货品

任务描述

在了解这么多货品的知识后，小明、春花、大风、秋月四位同学今天要学习有关超限货品的知识。同学们在生活中很少接触此类货品，多半在一些建筑工地、港口码头或是火车站场才会有这类货品，如果去实地调查难度较大，所以本次任务需要几位同学使用网络工具，或者借助自己以往的经验来完成。

任务目标

1. 了解超限货品的概念。
2. 了解超限货品的运输、储存管理。

任务准备

一、了解超限货品

1. 超限货品的定义

超限货品是指货品外形尺寸和重量超过常规车辆、船舶装载规定（指超长、超宽、超重、超高）的大型货品。如图 6-10 所示，变压器、发电机、轧机牌坊、反应器、高压锅炉等特长和/或特重货品无法用一般的铁路货车装运，必须使用专门的长大货品车（船）运输。

图 6-10 超限货品

公路货品运输中的超限货品是指符合下列条件之一的货品。

（1）长度在 14 m 以上或宽度在 3.5 m 以上或高度在 3 m 以上的货品。

（2）重量在 2 t 以上的单件货品或不可解体的成组（捆）货品。

铁路运输中的超限货品是指符合下列条件之一的货品。

（1）货品装车后，在平直线路上停留时，货品的高度和宽度有任何部位超过机车车辆限界或特定区段装载限界者（以下简称"超限"），均为超限货品。

（2）在平直线路上停留虽不超限，但行经半径为 300 m 的曲线线路时，货品的内侧或外侧的计算宽度（已经减去曲线水平加宽量 36 mm）仍然超限的，亦为超限货品。

2. 超限货品的类型

超限货品同样是一个总称，包括不同种类，有的是超高货品，有的是超长货品，有的则是超重、超宽货品，这些货品对运输工具、运输组织的要求各异。为了保证运输安全和管理的需要，一些运输方式有必要根据超限货品的主要特性进行分类。如我国公路运输主管部门现行规定，公路超限货品（即大型物件，简称"大件"）按其外形尺寸和重量分成四级，具体如表 6-13 所示。

表 6-13　公路运输超限货品分级

大型物件级别	重量/t	长度/m	宽度/m	高度/m
一	40~（100）	14~（20）	3.5~（4）	3~（3.5）
二	100~（180）	20~（25）	4~（4.5）	3.5~（4）
三	180~（300）	25~（40）	4.5~（5.5）	4~（5）
四	300 以上	40 以上	5.5 以上	5 以上

注："括号数"表示该项参数不包括括号内数值。

货品的重量和外廓尺寸中，有一项达到表 6-13 中所列参数，即为该级别的超限货品；货品同时在外廓尺寸和重量上达到两种以上等级时，按高限级别确定超限等级。

超限货品重量指货品的毛重，即货品的净重加上包装和支撑材料后的总重，它是配备运输车辆的重要依据，一般以生产厂家提供的货品技术资料所标明的重量为参考数据。

根据铁道部 2016 年发布实施的《铁路超限超重货物运输规则》的规定，铁路超限货品由线路中心线起分为左侧、右侧和两侧超限并按其超限部位和超限程度划分为下列等级。

（1）上部超限，由轨面起高度（以下简称"高度"）超过 3 600 mm，有任何部位超限者，按其超限程度划分为一级、二级和超级超限。

（2）中部超限，在高度 1 250~3 600 mm，有任何部位超限者，按其超限程度划分为一级、二级和超级超限。

（3）下部超限，在高度 150~1 250 mm，有任何部位超限者，按其超限程度划分为一级、二级和超级超限。

二、了解超限货品运输

1. 超限货品运输的特殊性

超限货品的运输不同于其他货品的运输，货品的超限等级越高，运输组织工作越复杂，运输安全方面的隐患就越大，所以一定要注重它的特殊性。其特殊性一般体现在如下几方面。

（1）超限货品要用超重型挂车做载体，用超重型牵引车牵引和顶推。车组装上超限货品后，其重量和外形尺寸大大超过普通运输工具。因此，超重型挂车和牵引车都是用高强度钢材和大负荷轮胎制成，价格昂贵，而且要求平稳行驶，安全可靠。

（2）在超限货品运输之前，一定要对道路状况进行勘测，有必要时，采取适当的工程措施，在运输中采取一定的组织技术措施，使超限货品能够顺利通行。

（3）在运输超限货品时，要确保安全，不能有任何闪失，否则后果不堪设想。因此，要有严格的质量保证体系，任何一个环节都要有专业人员检查，检查合格方可放行，同时各级政府和领导、有关部门、有关单位和企业也要高度重视。

2. 超限货品运输的特点

基于超限货品的特点，其运输组织与一般货品运输应有所不同，如图6-11所示。

图6-11 超限货品运输

（1）特殊装载要求。超限货品运输对车辆和装载有特殊要求，一般情况下超重货品装载在超重型挂车上，用超重型牵引车牵引，而这种起重型车组是非常规的特种车组，车组装上超限货品后，往往重量和外形尺寸大大超过普通汽车、列车，因此，超重型挂车和牵引车都是用高强度钢材和大负荷轮胎制成，价格昂贵。如图6-12所示，轿车作为一种超限货品，需采用特殊的专用运输车来运载。

图 6-12 轿车的运输

（2）特殊运输条件。超限货品的运输条件有特殊要求，途经道路必须满足所运货品车载负荷和外形尺寸的通行需要。道路要有足够的宽度以及良好的曲度。桥涵要有足够的承载能力。这些要求在一般道路上往往难以满足，必须事先进行勘测，运前要对道路相关设施进行改造，如排除地空障碍、加固桥涵等，运输中采取一定的组织技术措施，如采取分段封闭交通措施，保证大件车组顺利通行。

（3）特殊安全要求。超限货品一般均为国家重点工程的关键设备，因此超限货品运输必须确保安全，万无一失。其运输可说是一项系统工程，要根据有关运输企业的申请报告，组织有关部门、单位对运输路线进行勘察筛选；对地空障碍进行排除；对超过设计荷载的桥涵进行加固；指定运输护送方案；在运输中，进行现场的调度，搞好全程护送，协调处理发生的问题；所运大件价值高、运输难度大、牵涉面广，所以应受到各级政府和领导、有关部门、有关单位和企业的高度重视。

3. 超限货品运输的装卸技术

（1）运输长大笨重货品时，通常都要采取相应的技术措施和组织措施。鉴于长大笨重货品的特点，对装运车辆的性能和结构、货品的装载和加固技术等都有一定的特殊要求。

（2）为了保证货品和车辆的完好，保证车辆运行安全，必须满足一定的基本技术条件，即货品的装卸应尽可能选用适宜的装卸机械，装车时应使货品的全部支承面均匀、平衡地放置在车辆底板上，以免损坏大梁；载运货品的车辆，应尽可能选用大型平板等专用车辆。

（3）除有特殊规定者外，装载货品的重量不得超过车辆的核定吨位，其装载的长度、高度、宽度不得超过规定的装载界限。

（4）支承面不大的笨重货品，为使其重量能均匀地分布在车辆底板上，必须将货品安置在纵横垫木上，或相当于起垫木作用的设备上。

（5）货品的重心尽量置于车底板纵、横中心线交叉点的垂直线上，如无可能时，则对其横向位移严格限制。纵向位移在任何情况下，都必须保证负荷较重一端的车轮或转向架的承载重量不超过车辆设计标准。

（6）重车重心高度应有一定限制，重车重心如偏高，除应认真进行装载加固外，还应采取配重措施以降低其重心高度。车辆应限载行驶。在超限货品中，一些货品的支承面小，其重量集中于装载车辆底板上某一小部分，使货品的重量大于所装车辆底板负重面最大允许承载重量。所以在确定集重货品的装载方案时，应采取措施，避免使车底架受力过于集中，造成承载压力超过设计的允许限度。

（7）长大笨重货品装车后，载于车辆上运输时，比普通货品更易受到包括纵向惯性力、横向惯性力、垂直惯性力、风力以及货品支承面与车底板之间的摩擦力等各种外力的作用，这些外力的综合作用往往会使货品发生水平移动、滚动甚至倾覆。因此，运送长大笨重货品时，除应考虑它们合理装载的技术条件外，还应视货品质量、形状、大小、重心刻度、车辆和道路条件、运送速度等具体情况，采取相应的加固捆绑措施，如图6-13所示。

图6-13　超限货品运输中的加固

任务实施

任务书4

每组同学扮演小明、春花、大风、秋月四位实习生，完成以下任务：

1. 通过互联网进行搜索。

2. 搜索项目包括：长大货品、笨重货品。

3. 根据搜索结果完成表6-14。

步骤1：选择合适的搜索引擎

选择百度、谷歌、必应等搜索工具进行关键词检索，关键词为"长大货品""笨重货品"或"超限货品"。

搜索引擎名称：_____

步骤 2：货品分类

根据搜索的结果填写表 6-14，包括货品的名称、特点。

表 6-14　工作记录表

团队名称：_____　　　组员名字：_____

超限货品类别	货品名称	货品特点
长大货品	钢材……	
笨重货品	锅炉……	

任务评价

任务评价表

被考评组别：	被考评组别成员名单：			
考评内容：				

考评项目	分值	小组自我评价（30%）	其他组别评价（平均）（40%）	教师评价（30%）	合计（100%）
参与讨论的积极性	15				
语言表达	15				
任务完成情况	40				
团队合作精神	15				
沟通能力	15				
合　　计	100				

拓展提升

一、选择题

试题类型	单项选择题	难度	低

1. 我国公路运输主管部门现行规定，公路超限货品（即大型物件，简称"大件"）按其外形尺寸和重量分成（　　）级。

选项 A	一
选项 B	二
选项 C	三
选项 D	四

2. 下列货品参数不属于公路货品运输中的超限货品的是（　　　）。

选项 A	长 2 m，宽 1.8 m，高 2.6 m，重 100 斤的货品
选项 B	长 15 m，宽 1 m，高 2.6 m，重 100 斤的货品
选项 C	长 2 m，宽 4 m，高 2.6 m，重 100 斤的货品
选项 D	长 15 m，宽 4 m，高 4 m，重 3 t 的货品

二、填空题

试题类型	填空题	难度	低

1. 超限货品是指货品＿＿＿＿＿＿和＿＿＿＿＿超过常规车辆、船舶装载规定（指超＿＿、超＿＿、超＿＿、超＿＿）的大型货品。

2. 超限货品重量指货品的＿＿＿＿＿，即货品的净重加上包装和支撑材料后的总重。

3. 超限货品的运输不同于其他货品的运输，货品的超限等级越高，运输组织工作越＿＿＿＿，运输安全方面的隐患就越＿＿＿。

三、综合题

试题类型	综合题	难度	高

2019 年 12 月 20 日广州地铁 21 号线正式开通。请思考 21 号线地铁 33 列车的车厢如何组织从制造商南车株机西门子处运送到目的地广州镇龙车辆段。适合用哪种运输方式？

附　　录

货品忌混装表

序号	货品名称	忌混装货品名称		混装后果说明
		类别	常见货种	
1	盐、糖、肉类、鱼、蛋、粮食、谷物、面粉、蜂蜜、茶叶、香烟等食品及其他饲料（注：它们之中也要注意互抵性）	有毒货品	三聚氰胺、半夏（中药）、锑粉、工业用明矾、兽皮、破布、松节油、石油制品、化妆品、药品等	三聚氰胺在气温超过29℃时便会放出有毒气体氰化氢；鲜半夏有毒，能使口腔麻痹；锑粉也有毒，工业用明矾含有锑的成分；兽皮、破布不仅有恶臭，且有霉菌；松节油、石油制品、化妆品及药品等都有强烈气味，甚至有毒
		异味货品	骨粉、鱼粉、烟叶、生姜、洋葱、香皂、氢化铵、硫酸铵、樟脑、咸鱼、猪鬃等	骨粉、鱼粉有恶臭，还易发热与散发水分；氢化铵、硫酸铵能放出氨气，易扬粉尘；烟叶等都有刺激气味。食品等极易吸收异味和沾染异物，影响食用，特别是鲜蛋、茶叶等尤需注意
		水湿货品	湿矿石、木材、麻、羊毛、水果、蔬菜等	谷物易吸湿发热；水果蔬菜等受热易散发水分枯萎、坏烂，影响谷物等食品；其他货品散发水分太多，也会使食品、谷物等湿损或霉变
		其他	水泥、纯碱、尼龙丝、玻璃纤维等	掺入这些物质，极难剔除，纯碱容易发热，易使食品变质，使水果腐烂
2	棉花、棉纱、棉布及其他棉织物	酸、碱类	硫酸、盐酸、硝酸、醋酸、草酸、氢氧化钠、纯碱等	棉类遇酸、碱会被分解、腐蚀，甚至碳化
		油性货品	油桶、豆饼、亚麻籽、五金机械零件、火腿等肉类、各种植物油等	棉类油污后易自热到自燃，且影响棉织品质量
		水湿货品	木材、羊毛、麻、湿矿石等	棉类吸湿性强，吸水过多易自热自燃，且会霉烂变质，失去光泽，降低质量
		污染性货品	颜料、炭黑、红根	颜料在装卸时经常发生喷粉或破漏；炭黑多用麻袋包装，粉末飞扬；红根（中药）易褪色污染他货

续表

序号	货品名称	忌混装货品名称		混装后果说明
		类别	常见货种	
3	干电池、皮箱、皮鞋及其他皮革制品，塑料等	酸、碱及溶剂	酸、碱、酒精等	干电池遇酸、碱会起铜绿作用，使电池走电、霉烂；皮革制品在酸、碱作用下，表面易产生裂纹、断裂，降低韧性和强度；塑料制品遇酸、碱及溶剂会变色、损坏、发毛、溶解，降低商品价值
4	工艺品	散发水分货	山芋、大米、种子、水果及其他散发水分的货品	工艺品为精制商品，忌潮；若受湿，表面会起皱，影响美观，甚至失去商品使用价值，更不能与有污染性、扬尘性、腐蚀性、发热性的货品混装
5	橡胶、胶鞋及其他橡胶制品	酸、碱、油类	各种酸、碱、肥皂粉；脂肪、植物油、石油制品（如汽油、煤油等）	橡胶及其制品遇石油产品会被溶解；遇油脂易沾污胶面，产生花斑；遇酸碱易受腐蚀，使表面产生裂纹，失去弹性
6	纸	油性及酸碱类	油脂、石油、纯碱及各种酸	纸受污或腐蚀，表面易起褶皱、生斑点，降低质量
7	纸浆、木浆及苇浆等造纸原料	硬质货、油性货及酸碱	生铁、矿石等、油脂、石油、纯碱及各种酸	造纸原料掺入上述货品后，除受污染、腐蚀外，还会损坏造纸机滚筒
8	尼龙及其制品	樟脑		两者有亲和力，樟脑气化易进入尼龙纤维内部，引起膨胀，影响尼龙的强度和染色坚牢度
9	玻璃	碱类	纯碱等	玻璃沾到纯碱，会使玻璃表面受蚀发花
10	水泥	糖类	食糖	水泥中掺入0.001%糖，便失去凝固性；食糖中混入水泥，则丧失食用价值
		铵盐	硫酸铵、氢化氨、硝酸铵、石灰氮等化学肥料	铵盐能分解出氨气，水泥受氨气作用会加速凝固，降低使用价值；化肥混有水泥，在使用中会结块，降低肥效和土质
		散发水分货品	鱼类、海鲜、蔬菜、水果、湿矿石等	水泥受潮结块，影响使用
		其他	氧化镁	水泥混有氧化镁，在使用时氧化镁会慢慢与水化合，体积膨胀，使已凝固硬化的水泥发生裂缝

序号	货品名称	忌混装货品名称		混装后果说明
		类别	常见货种	
11	钢铁、生铁	酸、碱、盐类	盐类如氯化铵及其他铵盐肥料、食盐等	腐蚀、生锈
12	白铁皮、黑铁皮	酸、碱、盐类	同上	镀锌铁皮（白铁皮）、镀锡铁皮遇酸、碱、盐溶解而去锌退锡，使里面铁皮受到腐蚀、生锈
13	铝制器具	酸、碱类	酸碱及腐蚀性化学原料	首先使铝制品表面氧化铝溶解，继而使铝腐蚀
14	精锌块	各种矿砂、煤		锌是各种精密工业产品原料，混入杂质影响质量
15	铁矿粉	生铁、锌块、铝锭、其他矿砂、煤、石等		铁矿粉是炼优质钢的原材料，混入杂质影响质量
16	石墨	氧化剂	氧化铁、黄铁矿、碳酸盐类	石墨一般用麻袋或草袋包装，石墨与黏土可用来制造各种冶金坩埚，若混有氧化铁等会降低坩埚熔点；黄铁矿及碳酸盐等在高温下会分解，能破坏坩埚锅壁
17	煤		锰砂	煤掺有锰砂，燃烧时会破坏炉膛
			硫化铁、铵盐、氯化钾	煤混有这些杂质，燃烧时可能产生爆炸性混合物
18	焦炭	含硫货品	硫化铁等	焦炭混入含硫物质，影响冶炼钢铁质量
19	滑石粉、膨润土	其他散货或粉粒状货品	生铁、矿石、煤、纯碱及其他散货和粉粒状货品	滑石粉用于造纸、医药、化妆品，怕混入杂质；膨润土系白色块状，做翻砂模型用，含杂质使模型有空隙，影响翻砂质量
20	镁砂、焦宝石、黏土、矾石等耐火材料	非耐火材料	铁、煤、木屑、氧化镁、氧化钙等	耐火材料是高炉炉壁涂粘物，或用于制造耐火砖，耐火点在1380℃以上。若混入杂质，则会大大降低耐火点，甚至会使炉壁耐火砖产生空洞而报废
		碱类	纯碱等	耐火材料呈酸性，与碱会发生作用，降低使用年限
21	铝锭及铝块	硬质货	生铁、锌块、矿石、煤等及其残留	铝锭直接拉丝，为铜丝电线代用品，若掺入铁屑等杂质拉丝时易断丝，甚至在安装高压电线后，因铁电阻大受热过高而熔断铝丝；同时，铝锭表面受上述硬质货撞击，易成凹形，其深度大于2 mm时，拉丝易成空心；铝块为浇注铝锭及制造铝制品的原料，故有同样要求
		酸、碱类	硫酸、盐酸、硝酸、氢氧化钠、纯碱等	腐蚀、溶解、破坏铝锭、铝块的氧化层

续表

序号	货品名称	忌混装货品名称		混装后果说明
		类别	常见货种	
22	黄石（即氧化钙，亦称沸石）、白云石、方解石等	酸类	硫酸、盐酸、硝酸、醋酸等	黄石遇酸能产生极毒的腐蚀性气体氟化氢；白云石、方解石遇酸会溶解，且起分解作用
23	过磷酸钙、硫酸铵、氯化钙	碱类	纯碱等	过磷酸钙掺入碱类会变得不溶于水而失去肥效；铵盐遇碱会放出氨气而失去氨素，影响肥效
24	硬化油及其他低熔点货品	发热性货品	骨粉等	硬化油熔点为 56℃，骨粉等在货舱通风不良情况下易发热，使硬化油熔化
25	硬脂酸	碱类	纯碱等	硬脂酸用来制造蜡，用麻袋或木箱包装，遇碱会生成硬脂酸钠或硬脂酸钾，而失去原用途

参考文献

[1] 何毓颖，张智清．商品知识［M］．3 版．北京：高等教育出版社，2020.

[2] 霍红，牟维哲．货品知识［M］．北京：中国人民大学出版社，2019.

[3] 王飒．商品及品类管理［M］．北京：中国人民大学出版社，2019.

[4] 傅凯，李宁．商品学基础［M］．北京：化学工业出版社，2018.

[5] 林青．进出口商品归类实务［M］．北京：中国海关出版社，2018.

[6] 胡锦全．商品经营［M］．北京：中国财政经济出版社，2015.

[7] 孙参运．商品学基础与实务［M］．北京：中国财政经济出版社，2015.

[8] 赵东明．商品学实务［M］．北京：机械工业出版社，2017.

[9] 孙建国，贾铁刚．货品知识［M］．北京：中央广播电视大学出版社，2018.

[10] 王靖．仓储配送与实务［M］．北京：中央广播电视大学出版社，2016.

[11] 陈征科，商品归类精要［M］．上海：复旦大学出版社，2019.

[12] 陈百建．物流实验实训教程［M］．北京：化学工业出版社，2006.

[13] 窦志名．物流商品养护技术［M］．2 版．北京：人民交通出版社，2006.

[14] 何倩茵．物流案例与实训［M］．北京：机械工业出版社，2004.

[15] 胡东帆．商品学概论［M］．大连：东北财经大学出版社，2008.

[16] 江明光．货物学［M］．北京：人民交通出版社，2007.

[17] 刘北林．海关货物学［M］．北京：中国物资出版社，2003.

[18] 刘北林．货物学［M］．北京：中国人民大学出版社，2008.

[19] 孙德强．包装管理学［M］．北京：化学工业出版社，2006.

[20] 孙宏岭．物流包装实务［M］．北京：中国物资出版社，2003.

[21] 孙秋高．仓库管理实务［M］．上海：同济大学出版社，2007.

[22] 孙守成．货物学［M］．武汉：武汉大学出版社，2008.

[23] 腾连爽．货物学［M］．北京：中国经济出版社，2008.

[24] 万融．商品学概论［M］．北京：中国财政经济出版社，2007.

[25] 汪永太．商品学［M］．北京：电子工业出版社，2008.

[26] 王学锋．货物学［M］．上海：同济大学出版社，2006.

［27］谢瑞玲．商品学基础［M］．2 版．北京：高等教育出版社，2013．

［28］于军．货物学［M］．北京：化学工业出版社，2009．

［29］张宏．商品知识［M］．北京：中国物资出版社，2006．

［30］郑全成．运输与包装［M］．北京：清华大学出版社，2005．

［31］周晶洁．货物学［M］．北京：电子工业出版社，2006．

［32］朱强．货物学［M］．北京：机械工业出版社，2004．

防伪查询说明

用户购书后刮开封底防伪涂层，利用手机微信等软件扫描二维码，会跳转至防伪查询网页，获得所购图书详细信息。也可将防伪二维码下的20位密码按从左到右、从上到下的顺序发送短信至106695881280，免费查询所购图书真伪。

反盗版短信举报

编辑短信"JB，图书名称，出版社，购买地点"发送至10669588128

防伪客服电话

(010)58582300

学习卡账号使用说明

一、注册/登录

访问 http://abook.hep.com.cn/sve，点击"注册"，在注册页面输入用户名、密码及常用的邮箱进行注册。已注册的用户直接输入用户名和密码登录即可进入"我的课程"页面。

二、课程绑定

点击"我的课程"页面右上方"绑定课程"，正确输入教材封底防伪标签上的20位密码，点击"确定"完成课程绑定。

三、访问课程

在"正在学习"列表中选择已绑定的课程，点击"进入课程"即可浏览或下载与本书配套的课程资源。刚绑定的课程请在"申请学习"列表中选择相应课程并点击"进入课程"。

如有账号问题，请发邮件至：4a_admin_zz@pub.hep.cn。